中公新書 2706

稲増一憲著

マスメディアとは何か

「影響力」の正体

中央公論新社刊

はじめに

「マスメディアの言うことを鵜呑みにするな」

これは数十年にわたって、教育現場で、市民運動の場で、あるいはＳＮＳ上で語られてきた言葉である。

英オックスフォード大学ロイタージャーナリズム研究所が２０２１年に実施した国際比較調査によれば、日本で「ニュースを信頼する」と回答した者は42％にとどまった。また、著者がＮＨＫ放送文化研究所というテレビ局の関連団体であったにもかかわらず、テレビ局を「とても信頼している」と答えた人は３・１％、「かなり信頼している」と答えた人は29・６％であり、「あまり信頼していない」「まったく信頼していない」という回答の合計を明らかに下回る。新聞社については若干ましとはいえ、「とても信頼している」と答えた人は３％、「かなり信頼している」と答えた人は35・２％にとどまる。調査主体によっては、もうすこし高い信頼度が示される場合もあるものの、マスメディアへの信頼が低下傾向にあることは、多くの調査が示すところである。

マスメディア自体、あるいはマスメディアが行うコミュニケーションは、マスコミュニケーション（mass communication）の略語である「マスコミ」と呼ばれることが多い。これをもじった「マスゴミ」という揶揄《やゆ》が、ツイッター（Twitter）やフェイスブック（Facebook）などのSNS、ブログ、ポータルサイトのコメント欄に飛びかい、厳しい批判にさらされている状況を考えても、マスメディアへの信頼が低下しているという調査結果は、多くの人の実感に沿うものであるといっていいのではないだろうか。

そもそもメディア（media）とは、何かと何かの中間にある媒体を指す言葉であり、コミュニケーションにおいては送り手と受け手を媒介する存在ということになる。マス（mass）は「大衆・大量」といった意味を持っており、マスメディアとは「多くの一般の人々に大量の情報を伝達するメディア」を表す。印刷技術や通信技術の発展によって、新聞、ラジオ、テレビといったマスメディアは、国中、あるいは世界中の人々に情報を伝達する存在となった。人々がマスメディアを通じて、生活の中で直接経験・観察できないニュースについて知ることは、選挙において投票するうえで重要であり、会ったこともない人々と同じ情報を共有することによって、自身が「国民」であるという意識を持つことにもつながる。したがって、マスメディアは民主主義を支える存在として、押しも押されもせぬポジションを確立するに至った。もちろん、登場・普及当初から、マスメディアが伝える情報内容についての批判は存在していたが、1980年代まではその独占的な地位が脅かされることはなかった。

しかし、誰もが簡単に情報発信を行うことができるインターネットの登場によって、状況が一変する。それまではマスメディアに対する批判はあっても、あくまで社会におけるマスメディアの存在を前提としたうえで、その改善を求めるものであったといえる。しかし、マスメディアによる情報発信の独占が崩れ、インターネットという現実的な代替手段が現れた以上、「マスメディアはもう要らない」という主張をも行うことができるようになったのである。情報発信の独占状態に胡坐《あぐら》をかいていたマスメディアは、存在自体を問いなおされるようになった。

かくして、人々は以前ほどマスメディアの言うことを鵜呑みにはしなくなった。しかし、それで果たして社会は良くなったのであろうか。

取材をし、記事を書き、ニュースを発信するのが人間である以上、報道は無謬《むびゅう》ではなく、また、報道が届く人々の範囲の広さを考えても、個別の記事や番組に対する批判は、あってしかるべき重要なものである。また、たとえば記者クラブ制度のような、日本のマスメディアが抱える構造についての批判にも妥当性はあるだろう。しかし、批判の対象が「マスメディア」「マスコミ」となったとき、それが本当に対象を理解したうえでの批判なのか、その批判が民主主義にとって有益なのかという問いに、今一度立ち戻るべきではないだろうか。

マスメディアは、あるときは「政府や与党の走狗」とされ、またあるときは「政府に文句をつけてばかりの非生産的な邪魔者」とされる。「とてつもない力を持ったマスメディアが人々を一斉に同じ色に染め上げる」と語られる一方で、「マスメディアの言うことなんて、もう誰も相手にしていない」とも言われる。また、マスメディアの地位を脅かすもっとも大きな要因となっているインターネットに対する言説も、「誹謗中傷が吹き荒れ社会を分断する」といった否定的なものから、「発言者の地位ではなく内容によって情報が判断され、誰もが発信して社会に参加することを可能にする」という肯定的な見方まで、幅広い。

メディアと世論に関わる古典的名著『世論』で知られるジャーナリストのリップマンは、(報道の現場に携わるジャーナリストを含む)人々が固定化されたイメージにもとづいて世界を見ていることを、「ステレオタイプ」という概念を用いて示した。先に述べた極端なメディア観の数々は、ジャーナリストがステレオタイプにとらわれた報道を行っているという以前に、そもそもわれわれが〝メディアに関するステレオタイプ〟にとらわれがちであるということを示しているのではないだろうか。

実際には、人間がしばしば陥るステレオタイプ的な見方とは異なり、メディアと世論との関係はずっと複雑である。社会心理学、社会学、政治学、コミュニケーション研究をはじめとするさまざまな分野の研究者たちは、実験や社会調査などを通じて、半世紀以上にわたり、この「複雑な関係」と格闘し続けてきた。本書はこれらの研究をひもとくことを通じて、変化し続けるメディア環境において、われわれがメディアをどう捉え、どのようなメディアを求めていくべきなのかを考える基盤を提供したい。

なお本書は、「メディア効果論」と呼ばれる、マスメディアが人々にもたらす影響をデータを用いて科学的に検証する研究分野に、基本的に立脚している。したがって、テレビ局や新聞社といった組織や、取材方法などに関する情報の送り手についての議論ではなく、視聴者などの受け手に対する影響が議論の中心となることを、あらかじめ断っておきたい。また、いくら切れ味の鋭い興味深い理論であっても、データによる検証が不可能な理論は、基本的にあつかわない。

そして本書は、それが古典的な研究であっても先端的な研究であっても、研究の結論だけを紹介するのではなく、どのような手法でデータが取得され、実際にどのような結果が得られたのかを、可能な限り提示するように心がける。

これまで、メディア効果論をあつかった教科書の多くは、「選択的接触」「議題設定」といった概念の説明に終始し、どのようなデータにもとづいてその概念が検証されたかの説明は省略されることが多かった。このように概念と研究の結論だけを紹介するスタイルは、地道にデータが積み重ねられてきた実際の研究の営みから、ややもするとかけ離れたものになるおそれがある。また、ひとつの研究が即座に確定的な知識となり、社会が変化してもその適用可能性が永続するかのような印象を与えかねない。結果として、研究手法や結果と切り離された結論だけが独り歩きし、誤解や拡大解釈を生じさせる原因となってしまう。

もちろん、本書は専門学術書ではなく新書であるため、（調査や実験といった研究手法や統計学についての）専門的な事前知識をもたなくとも理解できる記述を最大限目指している。また、個々の研究結果の紹介のみならず、その研究がどのような社会的文脈の中で登場したのか、心理学、社会学、政治学といった学問分野やそれらを支える方法論の発展の中でどのように誕生したのかという、学説史としての視点も積極的に盛り込んだ。メディアの効果について科学的に研究するとはどういうことか、その営みの紹介にぜひお付き合いいただきたい。

目次

第2章 マスメディアは人々に影響を与えない？
——限定効果論の登場 ………… 29

マスメディアとは何か

第1章

マスメディアは「魔法の弾丸」か

——強力効果論とその限界

筆者の勤め先の大学では、学生たちが2年次の秋からゼミに所属する。所属するゼミを決めるための面接では、学生たちは教員の前で「何を研究したいか」を話すことになるが、筆者のゼミを志望する学生にしばしば見られるのが、「人々を思い通りに動かせる、マスメディアの〝ものすごい力〟を研究したいんです」というプレゼンテーションである。そして〝ものすごい力〟の実例としてしばしば登場するのが、情報番組で「健康に良い」と言われた食品が次の日売り切れる、というエピソードである。

確かに、納豆、バナナ、ココア、トマト、サバの缶詰のブームなど、このような事例は枚挙に遑《いとま》がない。アルバイト先のスーパーやコンビニエンスストアで、とつぜんある商品が飛ぶように売れる事態に遭遇すれば、マスメディアはものすごい力を持っていると思うのも無理からぬことである。これを筆者が専門のひとつとする政治分野に当てはめれば、テレビ番組で「納豆は健康に良い！」と伝えられるがごとく、「○○党の勝利は日本の将来にとって良い！」と伝えれば、マスメディアはいとも簡単に選挙結果を動かせると思ったとしても不思議ではない。

しかし、テレビはそんなに簡単に人々に影響を与えることができるのだろうか。再び納豆を題材として考えてみてほしい。たとえば納豆嫌いで、生まれてこの方納豆を食べたことがないという人は、番組に納豆が登場した時点で、興味を失ってチャンネルを変えてしまうかもしれない。スーパーで納豆を購入した人のうち何割かは、情報番組を直接見たことがきっかけではなく、番組を見た友人から「納豆が体に良いらしい」と聞いたことがきっかけとなっていたのかもしれない。あるいは、普段から納豆を買っている人たちが番組を見た際に、テレビに踊らされた人々が納豆を買い占めることで納豆が買えなくなってしまうと考え、その前に少し多めに購入したことが売り切れの一因となったかもしれない。

これらは、いずれも「マスメディアが人々を簡単に思い通りに動かすことができる」というメディア観に対して疑問を投げかけるものであり、それぞれ「選択的接触」「コミュニケーションの二段の流れ」「第三者効果」という、メディア・コミュニケーション研究における3つの知見に対応している。これらの研究内容については後の章で詳しく解説するが、まずは、マスメディアが〝ものすごい力〟を持つという認識は自明のものではないのかもしれないという視点を持っていただきたいと思う。

そのためにも、「強力効果論」と呼ばれる最初期のマスメディア研究の歴史をひもとくことから議論をはじめたい。なお、日本において本格的にマスメディア研究が行われることになるのは戦後のことであり、この時代の研究は基本的に欧米におけるものだということをあらかじめ断っておく。

1 プロパガンダの威力は本物か

強力効果論の登場

強力効果論は、文字通りマスメディアが強力な効果を持つという前提に立つ。同時に、メディアの効果がすべての人に対して即時的、直接的に及ぶものだという想定に特徴づけられる。この時代におけるマスメディアの効果モデルは、ひとたび注射されれば即座に影響を及ぼし抵抗不可能というイメージから「皮下注射モデル」、あるいは、銃弾になぞらえて「魔法の弾丸理論」とも称される。

マスメディア研究の歴史において強力効果論の時代と呼ばれるのは、1920年代から1930年代にかけてである。1920年は、世界初の商業ラジオ放送として、アメリカ・ピッツバーグのKDKA局が大統領選の結果を人々に伝えた年にあたる。19世紀末に普及した新聞や映画に加えて、情報をより多くの人に同時に届けうるラジオが登場したことで、マスコミュニケーションの影響力に研究者の注目が集まった。

また、強力効果論の背景には、大衆社会論と呼ばれる社会学理論が存在する。産業化が進行し人々が都市に集中していく中で、社会に秩序をもたらしていた伝統的共同体から人々が切り離されることの影響は、19世紀後半の社会学における中心的なテーマのひとつであった。社会学者テンニースの『ゲマインシャフトとゲゼルシャフト』は、この一例である。彼は、産業化によって人間関係の中心が、地縁・血縁・友情などによって自然に結びつく関係性（ゲマインシャフト）から、利害関係にもとづいて選択される関係性（ゲゼルシャフト）へと変化する中で、人々が結びつきを持ちながらも孤立する様を理論化した。このように、人々が産業化によって孤立する一方で、マスメディアの登場は、孤立した大衆に情報を一斉に届けることを可能にする。共同体から切り離された個人は、社会学者マンハイムが「甲羅のない蟹」と表現したように、精神的に脆弱な存在であるため、大衆はマスメディアを通じて発せられるメッセージを通じて容易に操作される存在となり、精神的な安定を求めてファシズムや共産主義といった全体主義的イデオロギーに動員されてしまう、と考えられた。

このような大衆社会論にもとづくメディア観は、第一次世界大戦や国際共産主義運動における激しいプロパガンダを目の当たりにした人々にとって、説得力を持つものであった。そして何よりも、プロパガンダが持つ強大な影響力を印象づけることになったのは、ドイツにおけるナチスの台頭である。類まれなカリスマ性を持つヒトラーとそれを演出する宣伝担当ゲッベルスの巧みな戦略によって、ナチスは瞬く間にドイツ国民の支持を獲得していく。ヒトラーの演説に熱狂する人々の姿は、現代でも多くの人が共有するイメージであろう。

ナチスのプロパガンダという「神話」

しかし、メディア史研究者の佐藤卓己は、このようなイメージがどこまで実態を反映していたのか、という疑問を投げかける。

整然と行進してくる茶褐色の突撃隊と軍靴の響き。波打つハーケンクロイツの旗。神々しく夜空に放たれるサーチライトの柱。大群衆を前に熱っぽく演説するヒトラー。歓呼の声。高々とヒトラーに向けて挙げられた手、手、手――。

（『増補　大衆宣伝の神話』423ページ）

このような、われわれが持つナチスに対するイメージは、党大会記録映画『意志の勝利』に

ドイツ社会民主党が用いたシンボル（『増補　大衆宣伝の神話』347ページから引用）

代表されるナチ党の自作自演に依拠するものである。しかし、ナチズムを批判する者でさえ、ナチ党が提供したイメージを事実として受け入れてしまっているというのである。

佐藤の著作『大衆宣伝の神話』には、「マルクスからヒトラーへのメディア史」という副題がついているものの、あつかわれている内容の大半は、ナチス時代以前にドイツ社会民主党が行ったプロパガンダの歴史が占めている。なぜこの副題がついているかといえば、ナチ党の宣伝戦略は目新しいものではなく、ドイツ社会民主党が行ってきた手法の焼きなおしであったと論じているためである。また、ナチ党が大規模な宣伝活動を行うことができるようになったのは、１９３３年の政権獲得後であり、それ以前の宣伝に関しては、他を圧倒する資源が投入されたわけではなかった。実際、ナチ党による鉤十字のシンボルを用いた宣伝に対抗して、三本の矢が鉤十字を貫くというシンボルを用いた宣伝などが功を奏し、社会民主党は１９３２年６月に行われたヘッセン州議会選挙において党勢を回復し、ナチ党の多数派形成を阻止している。

一方、言語学者の高田博行は、ヒトラー演説の分析を通じて、弁論術の観点からそれが卓越したものであったことを示している。弁論術においては、聴衆に訴えかけるテーマを「発見」

し、演説を序論、陳述（主張）、論証（理由づけ）、結論という適切な形で「配列」し、伝えたい内容を魅力的に表現する「修辞」を用い、その表現をそらんじられるよう「記憶」し、表情も豊かに「実演」することが求められる。ヒトラーが『わが闘争』第1巻を出版した1925年の演説において、すでにこのようなスタイルが完成していたというのである。そして、演説内容を魅力的なものとする修辞としては、「AではなくB」という対比、「もし〜ならば」という仮定表現、同じ音や表現の繰り返し、「多くの点で」「根本において」といった曖昧表現、「平和」「確信」「理念」「意志」「発展」といった抽象名詞、「最良の」「最高の」「熱狂的な」「世界的」といった誇張法などが頻繁に用いられていた。

このように、ヒトラーの弁論術が巧みであったこと自体は事実であろう。しかし、高田も、ナチ党によるプロパガンダが強大な力を発揮し続けたと主張しているわけではない。ヒトラーの演説がいかに優れていても、聴衆に聞こえなければ意味がない。1928年末から用いられるようになったマイクとラウドスピーカーによって会場全体に声が届くようになり、1932年の大統領選においては演説会場を飛び回るために飛行機が用いられた。しかし、より多くの人に演説を届けることができるラジオの電波をヒトラーが奪取したのは、政権獲得後の1933年以降のことである。

それでは、ラジオというメディアを活用できるようになったことで、ヒトラー演説の威力は急激に増大したのだろうか。結論から言えばそうではない。1933年2月1日に行われたラジオを通じた施政方針演説において、目の前に聴衆がいない状況に戸惑い、緊張したヒトラーは、原稿を棒読みしてしまった。この演説に対しては、当然のごとく番組制作者や聴取者から批判の声が挙がっている。以降、演説会場からのラジオ中継を行うなどの工夫をしたうえで、安価なラジオ受信機である「国民受信機」の生産による聴取率の向上、聴取の義務づけなどを通じて、ラジオを用いた国民向けのプロパガンダが強化されていくものの、それが国民の圧倒的支持をもたらしたというわけではない。政権獲得後のヒトラーの演説には、形式的なものも増え、同じ内容の繰り返しとなっていく一方で、聴取を強制された国民は演説に飽きていくこととなる。ましてや、第二次世界大戦の戦況が悪化する中で、ラジオから聞こえてくるヒトラー演説が、国民を熱狂させるようなことはなかった。

そうだとすれば、なぜ「ナチスのプロパガンダが強力であった」というイメージだけが流布しているのであろうか。佐藤は、このイメージが多くの人にとって都合の良いものであったことを指摘している。まず、ヒトラーあるいはナチ党全体にとって、圧倒的なカリスマ性を持つヒトラー演説の威力が強調されることは、国民の支持を獲得するうえで重要なことであった。宣伝相ゲッベルスがナチ党の中で権力を握るうえでも、「宣伝は強力な武器である」というイメージを作り上げることが必要であった。

また、プロパガンダの威力を強調することで利益を得るのはナチ党関係者のみではない。ナチ党に敗れ、政権を明けわたすこととなった社会民主党などの政治家たちにとって、「国民がナチ党のプロパガンダに騙された」という言説は、自らの政治的敗北の責任を回避するために有効な言い訳として機能した。さらには、ナチ党に投票した国民たちにとっても、「自分たちはナチ党のプロパガンダに騙されただけ」だという主張は、自分たちの罪悪感を払拭するとともに、戦後ドイツとナチ党を切り離すことに役立った。

そもそも、「人々がプロパガンダに騙された」という言い訳が用いられることは、ナチスのプロパガンダだけに限った話ではない。プロパガンダについての体系的な研究を通じて、理論化を行ったことで知られるラスウェルは、自著『宣伝技術と欧洲大戦』の中で、第一次世界大戦後にドイツでプロパガンダ研究が盛んに行われた理由のひとつとして、自国の軍を敗北せしめたプロパガンダのからくりを知りたいという動機があったことを指摘している。そして、宣伝の効果は人々の推察によって測られるが、推察は忘れられやすいものであるため、宣伝の効果は敗戦国によって誇張されると述べている。

上記の議論は、プロパガンダの効果をすべて否定するものではない。プロパガンダが効果を発揮した局面も確かにあったであろう。しかし、私たちが頭に描く「強力なプロパガンダ」というイメージが、宣伝を行う側の送り手自身や、当時の受け手によって誇張されたものであったという可能性についても、考慮すべきだと考えられる。

2 『宇宙戦争』事件とは何だったのか

ラジオドラマを本物のニュースだと思い込んだ人々

ナチスのプロパガンダと並んで、マスメディア強力効果論にまつわるエピソードとして頻繁に語られるのが、1938年にアメリカで放送されたラジオドラマ『宇宙戦争』における火星人の襲来を、実際にニュースだと信じた人々が引き起こしたパニックである。

『宇宙戦争』は、もともと1898年にイギリスの作家H・G・ウェルズが発表したSF小説である。原題の"The War of the Worlds"が表すように、地球に侵略してきた火星人vs.地球人という、2つの世界間の戦争を描いている。ただし、火星人は地球よりも遥かに進んだ文明を持つため戦局は絶望的であり、主に人類が火星人に蹂躙《じゅうりん》される姿が描かれる。われわれが火星人と聞いてタコ型宇宙人をイメージするのも、元をたどれば『宇宙戦争』の影響である。小説の発表から100年以上経った2005年にスピルバーグ監督によって映画化され、2019年には新たに連続テレビドラマとして放送されるなど、まさにSF小説の古典と呼ぶべき作品である。

1938年10月30日の夜、マーキュリー・シアターという劇団の主宰者であったオーソン・

ウェルズは、コロンビア放送のラジオ番組「マーキュリー放送劇場」において、『宇宙戦争』の設定を当時のアメリカに置き換えたラジオドラマを上演した。

この番組はもともと、小説や演劇を脚色したラジオドラマを生放送で上演するものであり、『宇宙戦争』のラジオドラマを放送することはもちろん事前に伝えられていた。また、「オーソン・ウェルズとマーキュリー放送劇場によって、H・G・ウェルズの『宇宙戦争』をお送りします」という冒頭のアナウンスに加えて、休憩前、そして休憩明けにもラジオドラマであることが明言されている。最後には、役柄を離れたオーソン・ウェルズによって、ラジオドラマはハロウィンの「ドッキリ」のようなものであることが説明され、「もしあなたの玄関のベルが鳴ったのに、出てみたら誰もいなくとも、それは火星人ではありません……ハロウィンです」と締めくくられる。

このようにフィクションであることは明示されていたものの、ドラマの前半においては臨時ニュースを通じて事態が少しずつ明らかになる形で、臨場感をもたらす演出がなされていた。人々に火星人襲来を現実と錯覚させたのであれば、この演出が力を発揮したということであろう。

ドラマは「火星に住む、人類より優れた知能を持つ生物によってわれわれは監視されてきた」というオーソン・ウェルズの台詞《せりふ》からスタートするが、その後に続くのは、アナウンサーによる気象情報、楽団によるアルゼンチン・タンゴ「ラ・クンパルシータ」の演奏の中継である。この中継が臨時ニュースによって遮られ、火星で爆発が起こり、ガス状の物体が地球に近づいていることが伝えられるのだが、すぐに事態が急変するわけではない。臨時ニュースの後、楽団の演奏に戻り、何事もなかったかのように曲の終わりまで演奏が行われる。続けて、プリンストン天文台のピアソン教授への火星の異常気象に関するインタビューや隕石の落下を伝える臨時ニュースが放送されるが、楽団の演奏に挟まれており、あくまで通常の放送の域を出てはいない印象である。

放送の様子が明らかに変わるのは、放送開始から約10分30秒が経過した後である。隕石が落下したニュージャージー州の農場からの中継が行われるが、群衆のざわめきや警察車両のサイレンが混じり、事態が緊迫していることがわかる。さらにその約7分後、隕石と思われていた宇宙船から這い出てきた火星人により熱光線が放たれ、人間の悲鳴が響く。そして、燃え広がる火が目前に迫っていることを伝えるアナウンサーの声を最後に、中継が途絶える。

その後、アメリカ各地に火星人の宇宙船が降下し、熱光線と致死性ガスを武器に侵攻してくる火星人による被害と、それを撃退しようとする軍隊が壊滅していく姿が詳細に描かれる。ニュースの中で、軍隊の作戦実施や被害状況がリアルタイムで詳細に伝えられるのは、本来であれば妙な話であるが、「放送設備を統制下に置きたいという軍の要望に対して、事態の重大さとラジオの社会的使命に鑑み、ラジオ局が持つ設備をすべて引き渡した」という設定によって、リアリティを持たせている。

ちなみに今は、ラジオドラマが実際にどのようなものであったかを簡単に確認することが可能である。ユーチューブ（YouTube）で“War of the Worlds”“1938”および“Mercury Theatre on the Air”といったキーワードを用いて検索すれば、いくつもの動画（音声）が見つかる。

ニューヨーク・タイムズなどの新聞は、翌日の朝刊で、このドラマを聴取した人々が火星人の襲来を現実のものと信じ、パニックを引き起こしたと伝えた。オーソン・ウェルズの番組は「家庭を混乱に陥れ、礼拝を妨げ、交通渋滞を引き起こし、通信回線をパンクさせた」というのである。新聞各紙は、数週間にわたってこの事件を取り上げ続けた。

メディア研究の分野において『宇宙戦争』事件が重要視されているのは、単に耳目を集めたエピソードであったというだけではなく、この事件を題材とした『火星からの侵入』という学術書の存在が大きい。プリンストン大学の世論研究者キャントリルは、アメリカ世論研究所が行った大規模調査の結果の引用や、地元ニュージャージー州でのインタビュー調査の分析を通じて、ラジオドラマが引き起こした騒動についての研究を行った。

ニュージャージー州は、ドラマにおいて火星人がはじめに襲来した場所であり、ドラマの影響力がもっとも強かったと考えられる土地である。世論調査によれば、約６００万人がこの番組を聞き、そのうち28％がニュースだと思っていた。ニュースだと思った人の70％が驚いたり不安に陥ったりしていたと回答している。ということは、１００万人以上の人がラジオドラマをニュースと思って聞いた結果、驚いたり不安に陥ったりしたと推測できるというのである。

そして、ニュージャージー州におけるインタビューは、実際に火星人が攻めてきたと勘違いして、家族や恋人に最後の電話をし、荷造りをし、車で逃げた人々の存在を明らかにした。このようなキャントリルの研究をもって、「マスメディアはかくも強力だ」という、マスメディア強力効果論を補強する証拠として用いられることが多いのである。

『宇宙戦争』事件の実態

『火星からの侵入』には、学術的に批判可能な点がいくつか存在する。たとえば、世論調査が行われたのは事件の6週間後であったため、人々の回答はラジオドラマそのものに対する純粋な反応ではなく、事件を大きくあつかう新聞報道に影響されていたかもしれない。

また、「放送を聞いて驚いたり不安に思った」という世論調査における回答と、パニックのあいだには大きな距離があり、この回答から推測される100万人のうち、放送を聞いて車で逃げだしたような人は、ごく少数にとどまると考えられる。キャントリル自身がニュージャージー州で行ったインタビューは小規模のもので、統計学的な抽出法にもとづいて対象が選ばれたわけではないため、ラジオドラマを聞いたアメリカ国民の代表的な反応とみなすのは無理がある。

このような批判は可能であるが、『火星からの侵入』が上梓された1940年の時点ではもちろんのこととして、現代の感覚に照らしても、キャントリルの研究は「非科学的」と切り捨てられるほど酷いものとは言えない。彼自身は研究手法の限界も自覚しており、複雑な現象をあつかうために、世論調査と小規模なインタビュー調査という、それぞれに限界を持つ手法を組み合わせて慎重に議論を行おうとしている。問題があるとすれば、彼の研究を「皮下注射」あるいは「魔法の弾丸」のような、人々に影響するマスメディアの強力な効果を示すものとみなすことである。

『火星からの侵入』の副題は「パニックの心理学」であり、確かにキャントリルは『宇宙戦争』事件をラジオドラマが引き起こしたパニックとして捉えていた。しかし、彼の研究は、「どのような状況において」「どのような人々が」パニックに陥るのかを明らかにしたものであり、科学的知見を応用し、パニックを起こさないための対処法を導き出すことを意図したものであった。

同書の序文でこそ、ラジオは「現実に起こっていることをすべての人に伝え、恐怖や喜びといった感情を作り出し、単一の対象に対して同じような反応を引き起こすといった点で、極めて優れたメディア」だと述べられているが、通読すると、ラジオがいつでもパニックを引き起こすほどの強い影響力を持つという主張が行われているわけではないことがわかる。

キャントリルの研究内容をもうすこし詳しく紹介しよう。まず彼は、番組が現実のニュースと間違われるほどのリアリティを持った理由として、隕石の衝突といったありえそうな出来事から、徐々に展開が変わっていく演出、ドラマに登場する「天文学者」「大学教授」「州兵軍の指揮官」といった登場人物の威光、ニュージャージー州の人々にとってなじみ深い地名の登場などを挙げている。

それでも、冒頭の「H・G・ウェルズの『宇宙戦争』をお送りします」というアナウンスさえ聞いていれば、現実のニュースと勘違いすることは考えがたい。しかしこのとき、2つの理由で冒頭のアナウンスには注目が集まっていなかったようである。

ひとつは、『宇宙戦争』事件によってマーキュリー劇場の知名度が大きく上がる以前、同番組は人気番組とは言いがたかったことである。裏番組で、人気の腹話術師バーゲンと人形チャーリー・マッカーシーの喜劇が放送されていたため、彼らの出番が終わってからダイヤルを回した人々が多くいたと考えられる。実際、世論調査において番組を聴取したと回答した者のうち、コロンビア放送が行った調査では42%、アメリカ世論研究所が行った調査では64%が、番組開始時ではなく途中から番組を聞いたと答えている。そのように番組途中からダイヤルを回した場合、コロンビア放送調査では63%、アメリカ世論研究所調査では37%がニュースと判断したのに対して、番組開始時からダイヤルを合わせていた場合にニュースだと判断した人はどちらの調査においても10%程度であり、大半はドラマだと認識できていた。

もうひとつの理由はラジオの特性にある。アナウンスがラジオから流れていたとしても、それに人々が注目したかどうかは別問題であろう。ラジオをつけながら家事や受験勉強をされた経験を持つ方は多いと思われるが、ラジオは番組を聴こうと思ってダイヤルを回すのではなく、流しておくという形で聴取されることも一般的にありうる。したがって、事態が緊迫するまで、放送に注意を留めていなかった可能性は十分に考えられる。

ここまでの話で終われば、『火星からの侵入』は、ラジオがドラマを現実のニュースと錯覚させるだけの強い力を持つことを示した研究ともいえるかもしれない。番組の冒頭アナウンスが聞かれなかったことがドラマをニュースと錯覚させることにつながったが、これは、ネタばらしなどせずに「権威を持つ人物を登場させ」、「なじみ深い地名をあつかった」偽りのニュースを流せば、人々を簡単に騙せることを示すとも言えるからである。

しかし、キャントリルの研究は、番組をニュースとして聞いた人々の「すべてが」最後までニュースだと信じ続けたわけではないことを示している。彼は聴取者の反応を「内在的チェックに成功」「外在的チェックに成功」「外在的チェックに失敗」「そもそもチェックを試みない」の４つに分類した。

「内在的チェックに成功」とは、何らかの事前知識にもとづいてニュースが本物ではないと気づくことであり、「以前読んだ宇宙戦争のストーリーとそっくりだと気づいた」「オーソン・ウェルズの声を知っていたため、彼のドラマだと気づいた」「軍務経験があったため、事件が起こった現場にすぐに駆けつけられる三個連隊の歩兵がいないことを知っており、本当のニュースでないことがわかった」といった例が挙げられている。

対して、「外在的チェックに成功」とは、マーキュリー劇場以外の何らかの情報源によって

	キャントリルの事例研究	コロンビア放送調査
内在的チェックに成功	23%	20%
外在的チェックに成功	18%	26%
外在的チェックに失敗	27%	6%
チェックを試みなかった	32%	48%
ニュースとして聞いた人の総数	99人	151人

表1-1　ニュースだと思って聴取した人々における4つの反応比率
(『火星からの侵入』109ページ表3を修正)

ニュースが本物でないと気づくことであり、「他の局を確認したところ、火星人が攻めて来たという放送はなく、通常の番組を放送していた」「新聞のラジオ欄をチェックしたことにより、それがドラマだとわかった」といった例が挙げられている。

「外在的チェックに失敗」とは、何らかの情報源と付き合わせようとしたものの、認識を覆すには至らなかったことであり、「窓の外には何も見えなかったが、まだ怪物が来ていないだけだと思った」「他の局で確認しようとしたところ、教会音楽をやっていたため、皆、死を待ちながら神に祈っているのだと思った」「窓の外に緑の明かりが見えたため、怪物の発したものだと思った(が、実際にはクルマのライトだった)」といった例が挙げられている。これら以外に、そもそもチェックを試みず、ニュースだと信じ続けた人々も存在する。

表1-1は上記の反応を示した人々の割合であり、キャントリルがニュージャージー州で行った調査においてもコロンビア放送が行った世論調査においても、はじめはニュースだと思って聴取していた人々のうち、半数程度は内在的・外在的チェックによっ

てドラマであると気づいたことがわかる。

番組をニュースだと思って聴取した人々の中にも、後にドラマだと気づいた人とニュースだと信じ続けた人がいたわけだが、キャントリルは両者を分ける心理学的要因として、批判的思考（クリティカル・シンキング）能力の有無を挙げている。批判的思考能力とは情報を鵜呑みにするのではなく、自分で確認してみるという姿勢やそのための方法を持つことを指す。この能力は学校教育においてある程度身につけることが可能なものとされており、実際に、コロンビア放送の世論調査においても、教育程度が高い者ほど、番組を本物のニュースだと信じた人の割合は少なかった。最終学歴が中学卒業で番組をニュースだと考えた人の割合は46％であったが、大学卒業になると28％まで下がる。

確かに、いくらでも事実を確認する手段はあったのだから、批判的思考能力を働かせ内在的・外在的チェックを適切に行うことができれば、火星人が攻めて来たというラジオドラマを現実のニュースと勘違いしてしまうことはなかったであろう。マスメディアは「誰に対しても強力な効果を持つ」のではなく、「批判的思考能力が働かない人に対して強力な効果を持つ」ということである。

批判的思考能力を「持たない」ではなく「働かない」としたのは、批判的思考能力が働くかどうかは、状況によって大きく左右されるためである。キャントリルは批判的思考能力を働かせなかったいくつかの要因について検討を行っているが、もっとも興味深いのは、ラジオをつ

ラジオをつけた理由	ドラマだと気づく	ニュースと信じる	調査対象数
マーキュリー劇場を聞くため	60%	40%	10人
たまたま聞いた	49%	51%	53人
他者に聞くようにいわれて	25%	75%	36人

表1-2　ラジオをつけた理由と批判的思考能力の発揮（『火星からの侵入』149ページ表11を修正）

けた理由である。表1-2にあるように、ラジオをつけた理由として、「マーキュリー劇場を聞くため」「たまたま聞いた」「他者に聞くように言われて」の順に、ニュースと信じた人々の割合が明らかに高くなっていく。これは前述の教育程度による差よりも顕著であり、人々がそもそも持つ批判的思考能力の個人差よりも、それが働くかどうかという状況要因のほうが強く影響することがうかがえる。

他者に番組を聞くように言われてラジオをつけた場合には、実に75％がニュースだと信じてしまっていることから、「このような状況において、マスメディアは強力な効果を持つ」と結論づけたくなるかもしれない。だが、果たしてこれはマスメディアの効果なのだろうか。彼らがなぜニュースだと信じたかといえば、何より「大変なことが起こっているからラジオをつけてほしい」などという他者の言葉を信頼することで、番組をニュースとして受け入れる素地ができていたからである。

これは、マスメディアの影響によるものというよりは、むしろ他者からの影響によるものだと分析するほうが適切ではないだろうか。現代の日本でも、ニュースなどで取り上げられるようになって随分経つにもかかわらず、身近な人を装い、事件や事故の示談金などと称してお金を振り込ませる「振り込め詐欺」で騙される人が後を絶たないことを考えれば、身近な他者からの情報がいかに人を信頼させるかがわかるであろう。後述するように、身近な他者に対して批判的思考能力を働かせることは、とても難しい（第２章）。

いずれにせよ、マスメディアの影響はいつでも同じではなく、状況によって左右されるものだということは、この結果から理解してもらえると思う。加えて、『宇宙戦争』事件においては歴史的背景も見逃すことはできない。前述の通り、初めてのラジオ放送は選挙の開票速報であった。震災などの例を思い浮かべればわかるように、臨時ニュースを伝える際にラジオが用いられるのは現在でも一般的である。そのうえ、１９３８年10月という時期は、第二次世界大戦に向けてヨーロッパ情勢が緊迫している最中であり、人々は、緊急事態が発生した際に音楽番組やドラマなどの番組が中断され、臨時ニュースが放送される事態を嫌というほど体験していたという特殊性が存在する。

キャントリルが実施したインタビューにおいて、番組をニュースだと信じてしまった人々の中には、そもそも、火星人の襲来ではなく、枢軸国による攻撃と理解した人がいたことも明らかになっている。たとえば、「隕石みたいに見えるツェッペリン飛行船に似たやつで、ガス爆弾でドイツ人が攻撃してきたんだ」「私はヨーロッパの人たちみんなが怖いんです。連中は何をやりだすかわからないんです」「あたしは日本人かもしれないと思いました。連中はずる賢いからね」といった調子である。このように、「ラジオドラマにおける火星人襲来のニュースを現実のニュースと勘違いする」という、現代では信じがたい出来事は、特殊な時代背景の影響を強く受けていたと考えられるのである。

このように、キャントリルの研究は、どのような状況において、どのような人々がパニックを引き起こすのかを明らかにしようとした研究であり、マスメディアが「誰に対しても」「いつでも」強い影響力を持つことを示すような研究ではなかった。また、マスメディアの影響よりも他者の影響のほうが強いというのは、次章であつかう限定効果論、とくに「マスコミュニケーションの二段の流れ説」の鍵となる観点である。その点からいっても、『火星からの侵入』を、「皮下注射モデル」や「魔法の弾丸理論」と表現されるマスメディアの強力な効果を説いた研究とするのはふさわしくないであろう。

なお、オーソン・ウェルズ同様、『宇宙戦争』を現代のその土地に置き換える試みは各地で行われている。エクアドルでは死者も出ているが、これは火星人襲来のニュースを信じた人々によるパニックが原因ではない。自分たちを騙したことに怒った人々がラジオ局に火を放ったためである。大きな事件ではあるが、マスメディアの効果が強力であることを直接示す証拠とは言いがたい。

「魔法の弾丸」は存在するか

ここまで述べてきた、「〝ものすごい力〟を持ったマスメディアが人々を一定の方向に押し流すといったしばしば語られるイメージは、実証研究によって支持されていない」という事実は、本書の第2章の冒頭で説明する「限定効果論」として、多くのメディア論の教科書などであつかわれる。だが一方で、その前段にあたる教科書の強力効果論の章では、大衆社会論、魔法の弾丸理論、皮下注射モデル、プロパガンダといったキーワードとともに、『宇宙戦争』と『火星からの侵入』にも触れながら、無力な個人に対して強く影響するマスメディアという構図が、1920年代から1930年代にかけては信じられていたという説明がなされるのが一般的である。

しかし、本章で述べてきたように、プロパガンダの代表例といえるナチスのそれのイメージすら、自身の影響力を強めようとしたヒトラーやゲッベルス、第二次世界大戦後の戦争責任を回避するために「人々がプロパガンダに騙された」という言い訳を必要とした政治家たちをはじめ、さまざまな人々によって誇張された側面があり、当時どこまで浸透していたのかは定かではない。そして先述の通り、『宇宙戦争』事件をあつかった『火星からの侵入』は、ラジオドラマが「どのような人に」「どのような状況において」本物のニュースと信じられたのかを詳細に検討したものであり、無力な個人にマスメディアが強く影響するという強力効果論のモデルを当てはめるのが適切とは言いがたい研究であった。

となると、そもそもマスメディア強力効果論などというパラダイム自体が存在したのだろうか、という疑問が持ち上がっても不思議ではない。ジャーナリズム研究者のチェイファーとホッホハイマーやコミュニケーション研究者のデリアは、実際に大衆社会論的な「全能のマスメディア観」にもとづく研究が行われていた時期はなく、マスメディア強力効果論は「マスメディアは強い効果を持たない」という知見のインパクトを高めるための仮想敵として、後の時代になって作られたものではないかという見解を示している。

強力効果論というパラダイムが研究者間に実在した時期があったのかどうかという点については、日本においても、社会心理学者の池田謙一とメディア・コミュニケーション研究者の竹下俊郎のあいだで2000年前後に論争が行われている。池田は、社会学者のラザースフェルドが、「マスメディアの影響力を実証しようとした調査において、むしろ対人的な影響力に驚かされた」と述べていることを元に、すべての人に対する魔法（の弾丸）を仮定していたと断言はできないものの、「マスメディアが極めて説得的なのは、いつ、誰に対してか」という点に研究の焦点が集中していたことは疑いがない、と述べている。

一方で、竹下は、先述の『火星からの侵入』や、人気歌手のケイト・スミスがラジオで18時間にわたって戦時国債購入を訴え続けたことで3900万ドルの売り上げをおさめたというエピソードを分析した研究書『大衆説得』において、メディアが影響を及ぼす状況を特定するための調査デザインが採用されていることを元に、強力効果論の実在を疑う議論も注目に値すると述べている。また、竹下は、チェイファーらが主張したのは「研究者が全能のメディア観を持っていた時代はなく、1930年代当時からマスメディアが影響を及ぼすのは特定の状況においてのみであることが認識されていた」ということであり、池田の視点はチェイファーらのものと一致していると主張している。

そもそも、強力効果論を「マスメディアがすべての人に、即時的に、直接的に（何にも媒介されずに）影響するという議論」と定義づけたのは、コミュニケーション研究者のカッツである。その一方で、カッツは後の研究において、「多くの人への小さな効果」「少数の人への大きな効果」「少数の人への小さな効果だが社会的に重要な影響を持つ効果」なども、強力効果に付け加えていった。このように、狭義の定義と広義の定義が併存していることも、混乱を招く要因になっている。

今となっては、強力効果論が後世に偽装された理論なのかどうかを検証し、結論づけることは難しい。それでも本書でこの論争を取り上げた理由は、何をもってマスメディアの効果を「強力」とするかの定義づけの重要性を示していると考えたからである。

以上の議論をふまえ、冒頭で触れた「人々を思い通りに動かせる、マスメディアの〝ものすごい力〟を研究したいんです」という学生の要望に対して真っ当に答えるなら、「それは無理だけれど、マスメディアが人々に対してものすごい力を発揮する場合もあり、そうなる条件を特定する研究ということであれば、対応できるかもしれません」という回答になるだろう。メディア・コミュニケーション研究は、マスメディアが効果を発揮したり発揮しなかったりするための条件や、メディアが人々に効果を及ぼす際の媒介メカニズムについて明らかにしてきたのである。

第2章

マスメディアは人々に影響を与えない？

――限定効果論の登場

一般的な教科書では、1940年代以降に行われた調査・実験を通じて強力効果論は覆され、「マスメディアの影響力は限定的である」という限定効果論の時代が到来したと解説される。しかし、前章の議論をふまえて考えれば、マスメディアの影響力が万能ではなく限定的であること自体は当たり前であり、取り立てて強調するほどのことではないとも言える。

それではなぜ限定効果論が重要かと言えば、マスメディアの効果が限定的なものにとどまる具体的なメカニズムを明らかにしたからである。マスコミュニケーション研究の歴史において、「限定効果論の時代」と呼ばれるのは1960年代までであるが、対人的コミュニケーションと選択的接触という限定効果論を構成する中心的な要素は、多くの批判を受けながらも、理論の修正を繰り返しつつ、現代においても重要性を保ち続けている。むしろ、自らが望む情報の

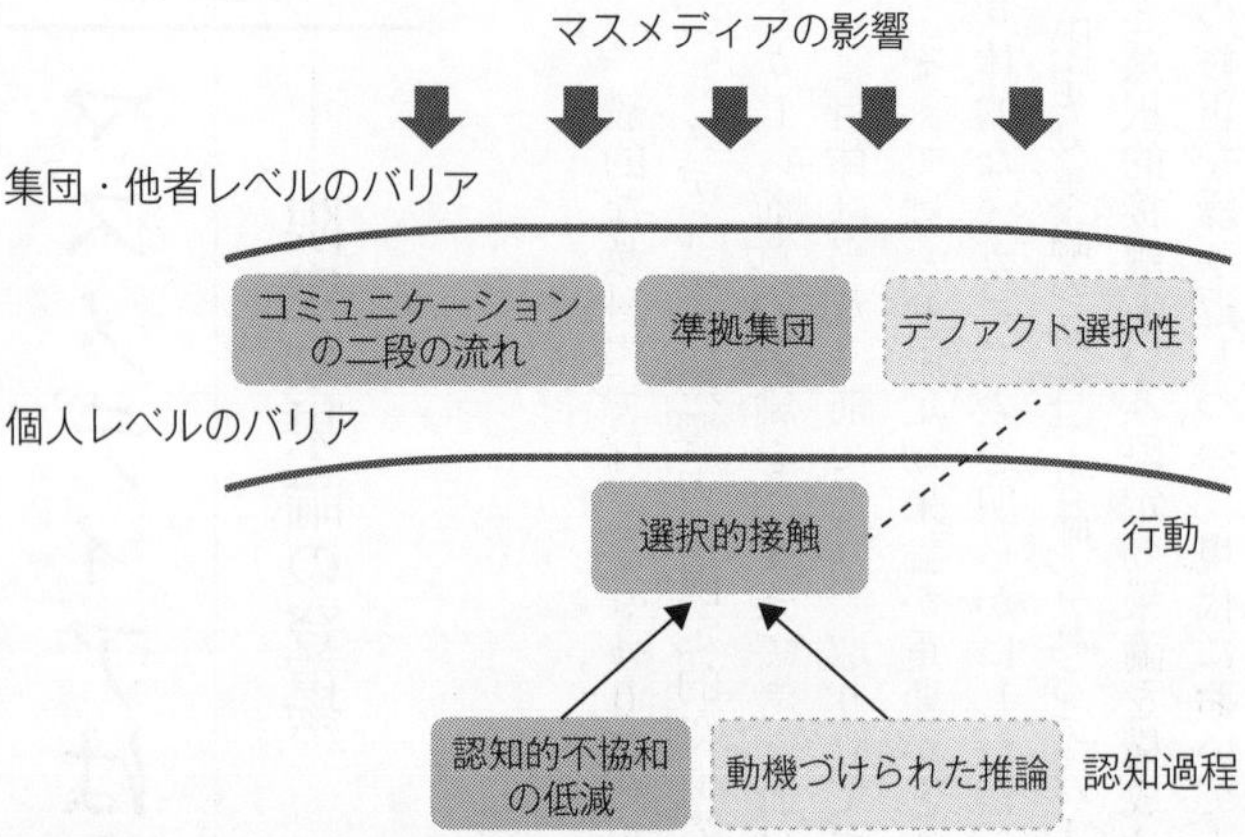

図2-1　マスメディアの影響力を弱めるメカニズム

みに接触することや、同じ意見を持つ人々だけに囲まれる環境を築くことを容易にするインターネットの登場によって、限定効果論が提起した視点の重要性は、2000年代以降、さらに高まったとささえ言える。

本章で紹介する研究内容は多岐にわたるため、ここで要点を先取りしつつ、内容についての模式図を示しておきたい（図2－1）。図に示したように、マスメディアの影響力が限定的なものにとどまるのは、「集団・他者レベル」「個人レベル」という2つのレベルのバリアが存在するためである。なお、濃い色で囲われているのは、限定効果論というパラダイムの確立までに明らかになっていたマスメディアの影響を弱める要因、薄い色で囲われているのは、その後の研究で明らかにされた要因である。

まず、「準拠集団」という用語に注目してほしい。準拠集団とは、個人が判断や行動を行う際の枠組みを提供する、人々の所属する集団のことを指す。個人がマスメディアに接触しても、準拠集団の枠組みから外れることは難しい。また、マスメディアの情報は個人に直接影響するのではなく、集団内のオピニオンリーダーと呼ばれる人々を通じて間接的に影響を与えるため、集団における支配的な意見と異なる情報は、個人には届きにくい。このモデルを「コミュニケーションの二段の流れ」と呼ぶ。準拠集団およびコミュニケーションの二段の流れは、集団・他者レベルのバリアとして機能する。

さらには、マスメディアの影響力を弱める個人レベルのバリアとして、自らの先有傾向(predisposition)に沿う情報に接触し、沿わない情報を回避する「選択的接触」と呼ばれる行動の存在が挙げられる。この行動をもたらす背景には、矛盾する意見、信念、知識などを抱えている状態（不協和状態）は不快であるから、人間は不協和を低減するように動機づけられているとする考え、いわゆる「認知的不協和」の低減というプロセスの存在が仮定されている。

こうした理論に対しては、認知的不協和にもとづく選択的接触の存在を直接示した研究が少ないという批判もある。この指摘を反映して、人々が先有傾向に沿った情報に接触することはあるとしても、それは個人の認知過程によるものではなく、個人の置かれた環境によるものなのだという「デファクト（事実上の）選択性」という考え方が提出された。つまりこれは、個人レベルのバリアと見られていた選択的接触が、実は集団・他者レベルのバリアであったとする考えである。

デファクト選択性への反論として、状況は限定されるものの、認知的不協和を低減するための選択的接触が存在することを示す研究が行われるとともに、認知的不協和以外の個人の認知過程も提案されている。その代表例が「動機づけられた推論」である。

それでは、以上のサマリーをふまえたうえで、限定効果論の時代を切り開くきっかけとなった、アメリカの社会学者ラザースフェルドらの研究の紹介から本章の議論をはじめたい。

1 マスメディアは人々の投票先を左右しない

エリー調査

ラザースフェルドらが、アメリカ大統領選を題材としてオハイオ州エリー郡で調査を行ったのは、1940年のことである。1940年というのは、欧州各国にドイツが侵攻を行っていた時期である。この選挙は、厳しい国際情勢に対応するため、それまでの慣例を破って3期目の大統領に挑戦する民主党のフランクリン・ルーズベルトに対して、前年まで民主党を支持してきた弁護士のウィルキーが共和党候補者として挑むという異例の構図であった。ちなみに、ラザースフェルドはオーストリア出身のユダヤ人であり、1933年から1935年にかけてロックフェラー財団の援助によってアメリカを訪れていた彼が、母国に帰れずアメリカで研究を継続することになったのも、ドイツにおけるナチスの台頭が理由である。ラザースフェルドらの行った調査は地名にちなんで「エリー調査」と呼ばれることとなり、社会学、社会心理学、政治学といった複数の学問領域における記念碑的研究として、その地位を確立することになった。

アメリカ大統領選の投票が行われるのは11月初旬であるが、その年の1月から6月にかけて共和党・民主党の二大政党の候補者を決める予備選挙が行われ、その後数か月にわたって選挙運動が展開されるという長期戦になる。公示・告示から1～3週間程度で投票が行われる日本の選挙とはまったく事情が異なる。

ラザースフェルド
（写真：Interfoto／アフロ）

エリー調査においては、この長期間にわたる選挙期間を活かして、一定期間に同一の対象者に連続して質問を行う「パネル調査」という手法が用いられた。パネル調査自体は、学術調査のみならずマーケティング調査などにおいても広範に用いられる手法ではあるが、エリー調査においては5月から11月にかけて毎月、計7回もの面接が繰り返されており、ここまで丹念な調査が行われることは稀である。

調査を繰り返すことの最大の利点は、一度限りの調査にくらべて、因果関係——ある原因が結果に影響を与えるという関係性——に迫りやすいことである。

選挙戦において、マスメディアが効果を持つということは、端的に言えば「あるメディアに接触するという原因によって、有権者が投票先を決定するという結果が生じた」ということ、すなわち因果関係の存在を意味する。この因果関係を一度限りの調査で検証する場合には、購読している新聞と投票先を質問し、たとえば「読売新聞を読んでいる人はそうでない人よりも、自民党に投票している場合が多い」といった関係性を明らかにすることになる。しかし、仮にそのような調査結果が見られたとしても、「読売新聞を読んだことで、自民党に投票しようと思った」のか、それとも「(読売新聞を読まなくとも、もともと)自民党に投票するような人が、読売新聞を好んで読んでいた」だけなのかを判別することは困難である。後者の場合にはマスメディアが効果を持つということにはならない。なぜなら、メディアに接触する前から投票先は決まっており、メディアへの接触が投票先決定の原因ではないからである。たとえば、ある自民党支持者が2022年のNHK大河ドラマ『鎌倉殿の13人』を観て脚本家の三谷幸喜に興味を持ち、朝日新聞に連載中のコラム『ありふれた生活』を読むために、購読紙を読売新聞から朝日新聞に変更したとしても、投票先の変更が生じることはなく、メディアへの接触が投票先決定の原因ということにもならない。

一方で、エリー調査は7回にわたって面接を繰り返すパネル調査であるため、5月から11月の各時期において、調査対象者がどの政党に投票しようと思っていたかを明らかにすることができるよう設計されていた。したがって、前月から投票予定先が変化した際には、何がきっかけとなったかを検証することが可能である。

エリー調査は限定効果論の端緒となった調査であるが、ラザースフェルドらの目的は、世論の形成、変化、展開を明らかにすることであり、ラジオや新聞といったマスメディアは、世論に影響を与える重要な要因のひとつとして想定されていた。彼らは初めから「マスメディアが限定的な効果しか持たない」ことを明らかにするために調査を行ったわけではなかったのである。

人々の投票先は集団によってあらかじめ決まっている

ところが、エリー調査が明らかにしたことは、いかに人々の投票先が変容しにくいか、マスメディアの影響力よりも周囲の他者からの対人的な影響力がいかに強いかという事実であった。以下では、エリー調査の結果がまとめられた書籍『ピープルズ・チョイス』の多岐にわたる内容から、マスメディアの影響力について知るうえで重要となる点を抜粋して、その後の研究をふまえた解釈とともに紹介したい。

まずは、「農村部に住む豊かなプロテスタント信者であれば共和党候補に投票する」「都市部の貧しいカトリック信者であれば民主党候補に投票する」といった社会属性と投票の関連である。経験豊かな政治家にとっては常識ともいえる事柄ではあったが、これが社会調査データによって「先有傾向」として裏づけられた。宗教、社会経済的地位、居住地域の3つを合成した指標（政治的先有傾向の指標）を用いて、対象者の各党への投票確率を7段階に分けると、もっとも共和党への投票確率が高いと推測される群では最終的に74％が共和党に投票していたのに対して、もっとも低いと推測される群では17％しか投票していなかった。最終的な投票先は、社会属性によってかなりの部分が予測可能だったのである。

しかし、これは多くの人が「共和党の候補が掲げる政策のほうがプロテスタントの考え方に沿っている」とか、「民主党の候補のほうが都市の貧困問題に言及している」など、自らの宗教的信念や経済的利益などと各候補の政策を照らし合わせて、投票先を決定していることを意味しているわけではない。人間は宗教、社会経済的地位などの同質性が高い集団に所属しており、また日ごろ交流を持つのは主に地理的に近接した人々、すなわち近所の住民である。このような集団内で交わされる情報は、特定の政党や候補者に好意的である場合が多いうえに、集団の他のメンバーからある候補へ投票するよう直接呼びかけられることもあるだろう。あるいは他者からの呼びかけはなくとも、社会学者のマートンや社会心理学者のケリーが指摘しているように、人々が所属する集団は、個人が判断や行動を行う際の枠組みを提供する準拠集団として機能しうる。

つまり、人々は投票選択を行う際に、その集団の一員として誰に投票することが望ましいかを考えたうえで、行動する場合が多いということである。結果として、集団の多数派から外れた投票は行いにくくなる。

このような状況においては、選挙期間中にマスメディアなどの情報に接触することで投票先を変更する余地はそもそも小さい。エリー調査では、7か月の調査期間を通じて投票予定先を変更しなかった回答者の割合は5割を超えており、投票先が変化した場合でも、その多くはどちらかの候補への投票意図と「どちらとも言えない」のあいだでの変化であった。調査期間中に民主党のルーズベルトから共和党のウィルキーへ、あるいはその逆の変化を見せた回答者は全体の12％しか存在しなかったのである。

しかも、12％の回答者の6割以上は、もともと「交差圧力」と呼ばれる力が働いている状態にあった。交差圧力が働いている状態とは、たとえば「（民主党への投票確率が高い）社会経済的地位の低さと（共和党への投票確率が高い）プロテスタント」のように、投票傾向が異なる属性を併せ持っていたり、投票傾向の異なる2つ以上の集団に所属していたり、父と母の投票先が異なっていたりするなど、異なる政党への投票をうながす要因が併存している状態である。

ラザースフェルドらが示したのは、人々の政治に関わる判断や行動は集団に大きく制約されるために変化しにくく、変化する場合にも集団が強く関わっているということであった。社会心理学者のニューカムが行った研究でも、このことがより明確に描き出されている。以下に紹介しよう。

1930年代にニューカムが勤めていたベニントン大学は上流階級の子女が通ういわゆるお嬢様大学であり、多くの学生は保守的な家庭で育ってきた。一方で、キャンパスにおいては社会運動が盛んであり、リベラルな価値観が支配的であった。つまり、学生たちには交差圧力がかかっている状態にあったということである。

入学時には出身階層の価値観を反映し、保守的な価値観を持つ学生が多かった。しかし、ベニントン大学のリベラルな校風に影響を受け、所属大学を準拠集団とした学生たちは、学年が上がるにつれ、価値観がリベラルに変化していく。一方で、大学での活動は活発ではなく、保守的な価値観を維持したままの学生たちも、一定数は存在した。彼女たちの多くは、所属大学ではなく、家族を準拠集団として維持し続けたため、どちらかといえば孤立した状態にあった。

価値観が変化しなかったのである。ニューカムは約25年後に追跡調査を行っているが、このようにして形成された大学卒業時の価値観と、25年後の価値観の相関係数は0・47という値であった。相関係数とは2つの変数の関連を表す指標であり、-1から1までの範囲の値を取る。「1」は2つの変数が完全に一致すること、「0」は2つの変数が無関係であること、「-1」は2つの変数が正反対であること（一方が増加すれば一方が減少すること）を意味している。0・47は、個人レベルの政治的価値観の相関としては高い水準である。

なぜマスメディアは人々の投票先を変えられないのか

さて、「エリー調査は集団が個人の政治的価値観や投票に強い影響を与えることを明らかにした」と述べた。ここで疑問として浮上するのが、仮に人々が集団の影響を受けるとしても、同時に購読する新聞や聴取するラジオのメッセージなどから影響を受けることはないのか、ということだ。マスメディアの影響力の話は、いったいどこへ行ってしまったのであろうか。

その答えを知る鍵となる1つ目の知見は、選挙への関心とプロパガンダへの接触の関連について『ピープルズ・チョイス』が示した結果である。選挙への関心が高い回答者においては12・0%が政党のプロパガンダに接触していたのに対して、中程度の回答者では8・7%、関心のない回答者では6・0%と、関心が低いほどプロパガンダへの接触率は低かった。各党の広報担当者としては、選挙に関心を持たない層を惹きつけ、自陣営に投票させたいと願っているだろうが、そもそもこのような層にアクセスするのは難しい。

2つ目は、情報接触の選択性を示す結果である。選挙に関心を持たない層にメッセージを届けることは難しいとはいえ、接触自体は関心を喚起する働きを持つ。8月段階で選挙に中程度の関心を持っていた回答者のうち、10月段階で「高い関心」に変わっていた割合は、8月から10月にかけてプロパガンダに平均以上に接触した層では21%、平均以下の接触であった層では8%であった。

しかし、人々は両党のプロパガンダに等しく接触するわけではない。図2－2に示した通り、

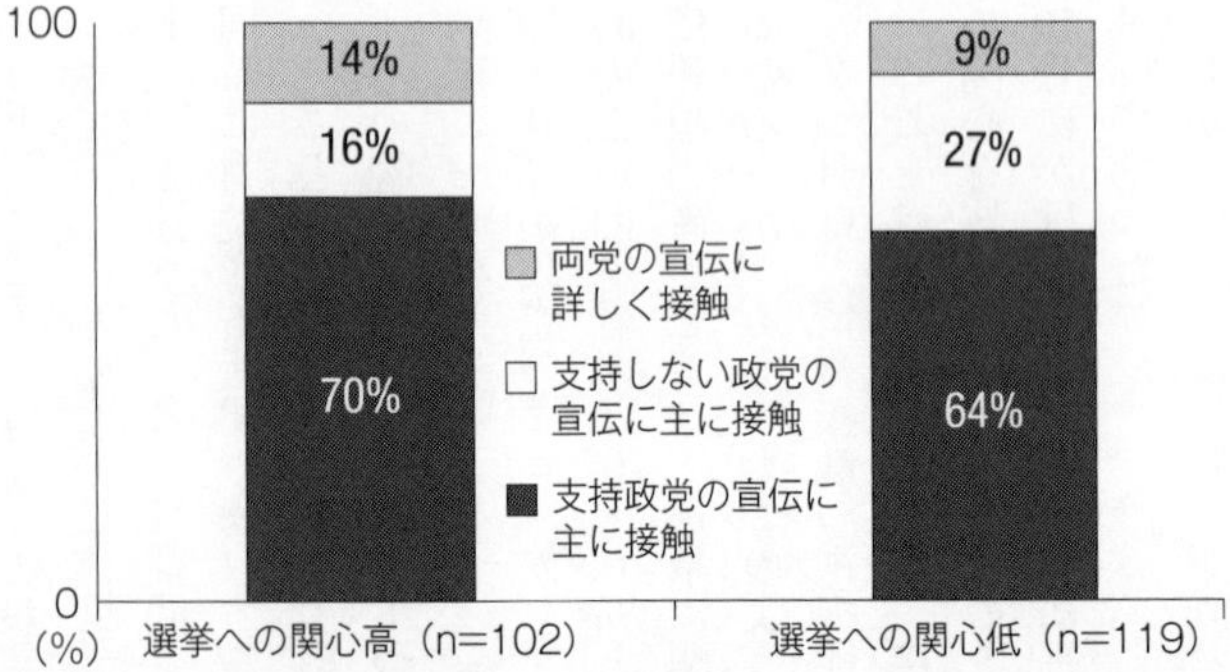

図2-2　一貫した投票意図を持つ人々のプロパガンダへの接触率
（『ピープルズ・チョイス』151ページ図30を修正）

5月から11月まで首尾一貫した投票意図を持っていた回答者だけを取り上げた場合には、選挙への関心が高い人々では70％、選挙への関心が低い人々でも64％が、主として支持政党のプロパガンダに接触していた。こうした偏りがあっては、別の政党のプロパガンダによって支持を覆すことは容易ではない。

また、投票意図が明確ではなかった回答者においても、両党のプロパガンダに等しく接触している人は少ない。図2－3に示したように、8月段階では投票意図を固めていなかった回答者であっても、前述の政治的先有傾向の指標にもとづいて「共和党支持の先有傾向」と「民主党支持の先有傾向」を持つ者に分けると、明らかに先有傾向に沿う形で偏った接触を行っている回答者が多かったのである。

選挙戦開始時の支持政党あるいは社会属性から予測される先有傾向に沿った情報接触が行われるならば、マスメディアが投票先を変更する効果を持つことは少

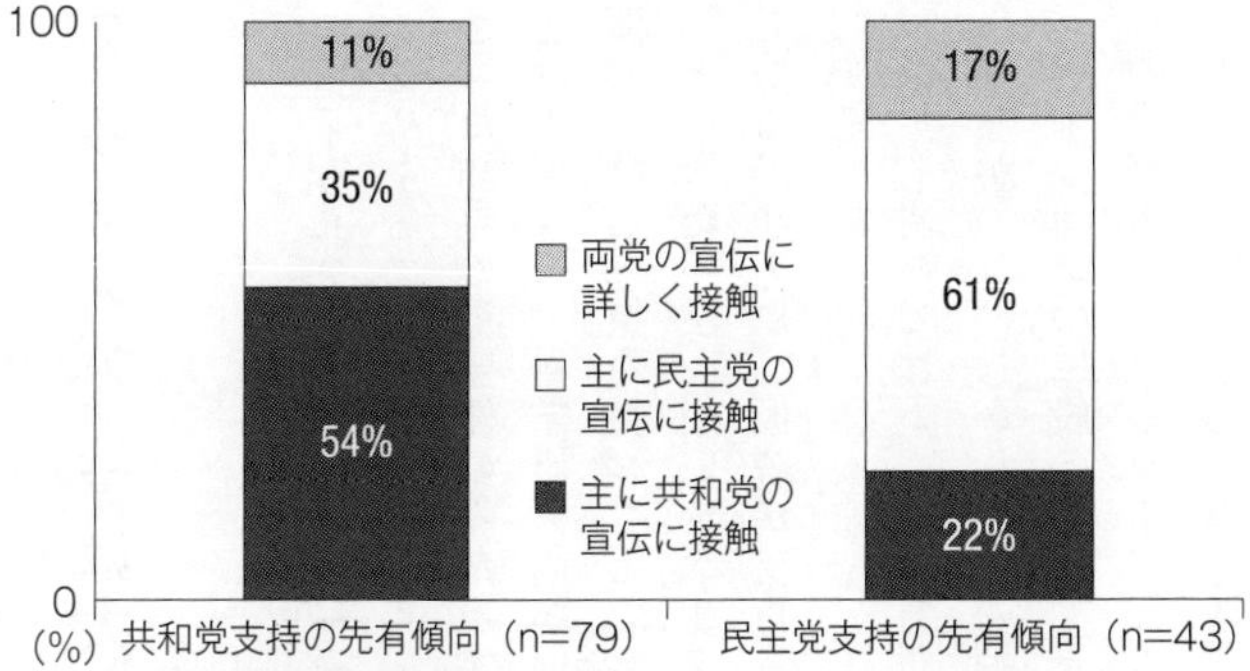

図2-3　8月時点で投票意図を決めていなかった人々の宣伝への接触率（『ピープルズ・チョイス』142ページ図29を修正）

なくなる。マスメディアを通じて発信された情報がもたらす効果の中心は、投票先を変更させる「改変効果」ではなく、もともと持っている態度を強める、あるいは曖昧であった投票先を明確化する「補強効果」であるということが、エリー調査から得られたマスメディアについての主な知見である。

とはいえ、マスメディアがまったく改変効果を持っていなかったというわけではない。たとえば、エリー調査においてはラジオに接触する機会の多い人ほどルーズベルトに投票するといった傾向が見られた。これは、ラジオの放送内容が民主党寄りあるいはルーズベルト寄りだったことを意味するのではなく、ルーズベルトはウィルキーにくらべて演説がうまかったため、文字ではなく音声を伝えるメディアに取り上げられた際に、有利になったということであった。

2　マスメディアは人々を直接動かさない

『ピープルズ・チョイス』の革新性

ラザースフェルドらの『ピープルズ・チョイス』が後世に名を残した理由としては、もたらされた知見の重要性のみならず、知見をもたらす手続きが科学的であったという点を欠かすことはできない。科学研究においては、たとえば「マスメディアは選挙における人々の投票先を変容させる効果を持つ」といった仮説を立て、その仮説の成否を検証するために社会調査や実験といった手法を用いてデータを取得する。このような手法が優れているのは、手続きが厳密であるがゆえに、仮説が支持されなかった場合にも、研究が重要な意味を持ちうるということである。

エリー調査においては、当初想定されていたようなマスメディアの影響力を示すデータは得られなかった。しかし、この調査は、後にさまざまな研究領域を切り開く端緒となる「コミュニケーションの二段の流れ」という新たな仮説モデルを導き出すきっかけとなった。ノーベル賞の受賞者インタビューや偉人の伝記などにおいてもよく目にするように、自然科学において は当初の目的に照らせば失敗であった実験が大きな発見につながることも多いが、社会科学においてもそのような例がないわけではない。エリー調査は社会科学における「輝かしい失敗（successful failure）」の好例と言えよう。

前述の通り、エリー調査においては、人々が所属する集団に制約されているために選挙期間中に投票先が変更されるケースは多くないこと、投票先を変更した少数の回答者についても、交差圧力という形で集団が影響していることが明らかにされた。それだけでなく、ラザースフェルドらは投票先の変更をもたらした集団内の対人的コミュニケーションに注目することで、興味深い知見を明らかにした。「オピニオンリーダー」と呼ばれる人々の存在である。

人々の意見を変える鍵

選挙期間中に投票先を変更した回答者に質問を行うと、その影響源はマスメディアというよりも、彼らの所属集団内で行われる対人的なコミュニケーションであった。（自ら進んで、あるいは他者からの働きかけによって）選挙についての対話に参加した回答者の割合は、選挙演説を聞いたり新聞の選挙キャンペーン記事を読んだりした割合よりも、1日平均で10ポイント以上多かった。しかも、選挙演説や新聞のキャンペーンを読まずに対話にのみ参加しているとした回答者は、投票先をまだ固めていない人が中心であった。また、選挙期間中に投票意図を何らかの形で変更した人々は、一貫した投票意図を持っていた回答者にくらべて、投票先を判断するきっかけとなった情報源として、友人や家族の名前を挙げる場合が多かったのである。

政党のプロパガンダは自陣営の支持者を増やしたいという明確な意図を持って行われ、そのことは有権者もある程度認識している。それに対して、他者との政治的会話は、そのような意図を持たず、何気ない世間話の一種として行われる場合も多い。また、街中で他者の会話をたまたま耳にするといった形で政治的話題に触れるなど、自身が説得されているとは認識しえない状況も身近に存在する。仮に他者を自らが支持する陣営に引き入れたいという意図を持つ場合でも、対人的なコミュニケーションにおいては、目の前の相手の反応を確かめながら説得を行うことが可能であり、すべての接触者に同様のメッセージが流されるマスメディアを通じた説得よりも有効に機能しやすい。

さらには、対人的なコミュニケーションにおいては、メッセージの内容とは無関係に、発話者が信頼できる人物かどうか、あるいは発話者への同意自体が望ましいかといった基準によって、受け手がメッセージを受諾するかどうかが決まるという側面も存在する。「政治についてこの人が言うことなら信頼できる」「この人の言うことを聞かないと酷い目にあわされる」といった認識にもとづいて、メッセージの内容に同意していない、あるいはメッセージの内容を理解していない場合でも、投票先の変更が起こりうる。

ラザースフェルドらは、対人的コミュニケーションを通じて他者に影響を与える人物をオピニオンリーダーと呼んだ。エリー調査では「最近、あなたは自身の政治的見解をどなたかに納得させようとしたことがありますか」「最近、どなたかに政治問題について助言を求められた

	選挙への関心高		選挙への関心低	
	オピニオンリーダー	非リーダー	オピニオンリーダー	非リーダー
新　聞	15.8	12.3	14.8	6.6
ラジオ	14.6	12.3	13.0	7.6
雑　誌	20.6	14.1	15.8	4.6

表２-１　オピニオンリーダーと非リーダーの平均メディア接触数
（『ピープルズ・チョイス』107ページ表４を修正）

ことがありますか」という２つの質問のうち、１つ以上に「はい」と答えた人々がオピニオンリーダーとして定義されている。

オピニオンリーダーは、地元の名士のような人物とは限らず、幅広い職業集団に分布していた。つまり、情報がまずは社会的地位の高い人々に届き、そこから地位が低いほうへと流れるわけではなく、社会的地位が等しい集団の中に、集団内に情報を届けるオピニオンリーダーが存在すると考えられるということである。

また、彼らは非リーダーにくらべて選挙への関心が高い傾向にあったが、選挙への関心が高い・低いにかかわらず、マスメディアに多く接触していた（表２－１）。なお、表中の数字は特定の記事や演説などを調査者が列挙したうえで、回答者の接触数をカウントする形で求められている。

これらの結果をふまえて、ラザースフェルドらは、マスメディアの情報がまずオピニオンリーダーに届き、その情報がオピニオンリーダーを通じて間接的に能動性の低い人々に伝えられるという「コミュニケーションの二段の流れ」モデルを提出した。ただし、エリー調査の当初の目的は対人的な影響力を検証するものではなかったため、身近な他者との接触を測定する項目が不十分であり、さらなる調査が必要であった。

対人的コミュニケーションの影響

ラザースフェルドと教え子のカッツによって行われた「さらなる調査」がディケーター調査であり、調査結果をまとめた書籍が『パーソナル・インフルエンス』である。

ディケーター調査は、1955年の6月と8月に800名の女性を対象に行われた2波のパネル調査である(「ディケーター」とはイリノイ州の地名)。エリー調査は投票行動をテーマにしていたが、ディケーター調査においては「社会的・政治的問題」に「購買行動」「流行」「映画観覧」を加えた4領域について、人々の意見に何が影響を与えるのかが検証された。7波のエリー調査とくらべると調査回数は3分の1以下だが、エリー調査と同様にパネル調査であることを活かし、6月から8月にかけて意見が変化した際に、その影響源を明らかにできるような構造になっている。一方で、ディケーター調査において重視されたのは、回答者と他者との対人的な影響関係についてである。回答者が意見を変えた際に影響を受けた相手として挙げられた人物(被影響者)、あるいは逆に回答者が助言を与えた相手として挙げられた人物(影響者)についても、彼らにも調査を行い相手側の観点も確認することで、そのような影響過程が実際に存在したのかどうかを検証している。

もちろん、他者との日常会話を正確に記憶しているとは限らず、一方は影響を与えたつもりでも、他方はそれを認めておらず対等に話していると考えていたケースも存在するため、両者の認識が完全に一致したわけではなかった。とはいえ、影響者・被影響者として指名された両者ともに、会話が行われた事実については70％弱が同意しており、思い出せなかった者が20％程度、否定した者は10％以下であった。また、会話があった事実を認めた人のうち、77％が指名された通りの影響・被影響関係があったと認識していた。そこに「相互に影響し合っていた」と答えた14％を加えると9割を超えることから、誰が影響者・被影響者かという認識は、ある程度正確なものであったと考えられる。

これらの調査結果により、人々がこれまでの意見や慣習を変更するにあたって、次の3条件がそろった際に、ある情報源が人々に影響を与えたといえることがわかった。

・当該の問題に関する情報を、その情報源から受け取っていた
・その情報源が、意見や慣習の変更に対して一定の役割を果たしていた
・その情報源からの情報が、意思決定においてもっとも重要な要因となっていた

これをカッツらは「効果的接触」と定義した。そのうえで、最初の2条件のみが満たされる場合には「寄与的接触」、最初の1条件のみが満たされる場合を「非効果的接触」と定義している。

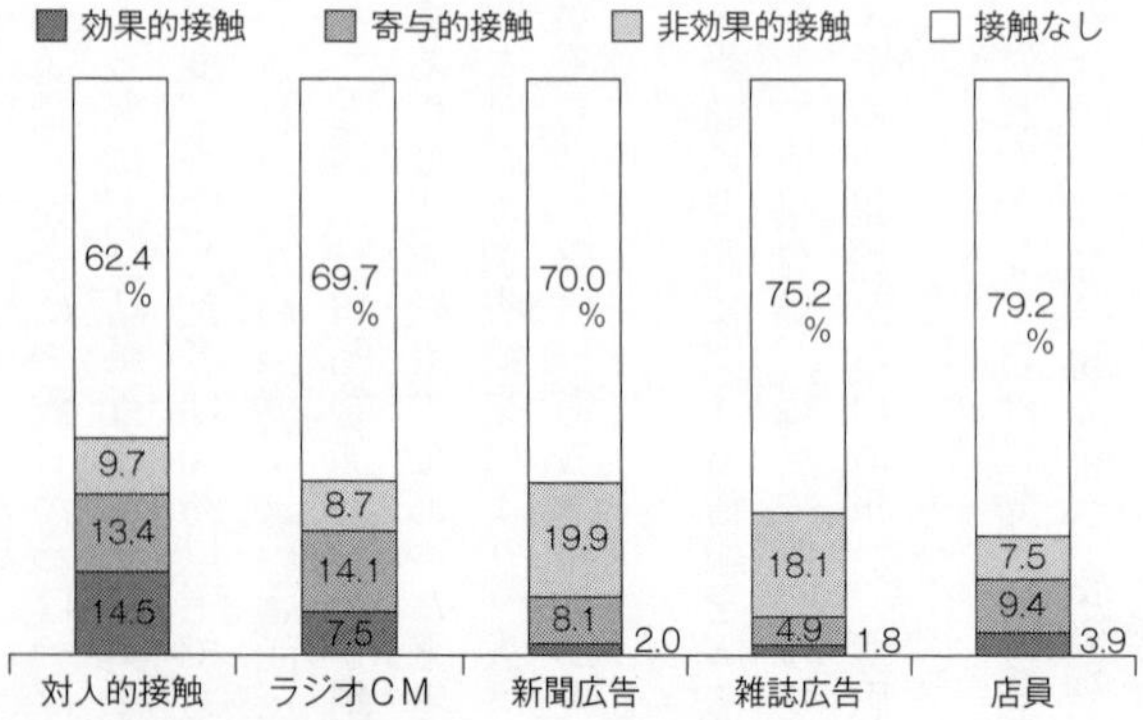

図２-４　購買行動の変更に対する各情報源の影響力（『パーソナル・インフルエンス』178ページ図１を修正）

図２－４は購買行動について、２回の調査のあいだに購入するコーヒーの銘柄を変更する、洗濯を依頼するクリーニング屋を変更するなどといった形で、習慣となっていた行動を変更した経験を持つ３８６名に対して、行動の変更に影響した情報源を尋ねた結果である。これを見ると、他の情報源とくらべて、友人・知人関係といったインフォーマルな対人的接触を受けている割合がもっとも高く、接触を受けた際に行動の変更を決定づける効果的接触となった割合も、もっとも高かった。

また、表２－２からわかるように、購買行動と映画観覧については対人的接触が接触・効果性ともに高い唯一の情報源となっており、流行においても接触が高くなっていた。このように、ディケーター調査においては、エリー調査であつかわれた投票行動という領域のみならず、さまざまな領域において、対人的コミュニケーションはマスメディアよりも強

		接触	
		高	低
効果性	高	購買行動：対人 映画観覧：対人	購買行動：ラジオ
	低	流行：対人、店員、雑誌 映画観覧：新聞	購買行動：新聞、雑誌、店員 映画観覧：雑誌

※ディケーター調査は選挙キャンペーンが対象ではないこともあり、他の領域との比較ができない「社会的・政治的問題」以外の3領域について、情報源ごとの接触と効果をまとめている。接触の高低を分ける基準は回答者のうち3分の1以上が接触しているかどうか、効果性の高低を分ける基準は、接触した人のうち2割以上が効果的接触と感じたかどうかである。

表2-2　情報源への接触と効果性のまとめ（『パーソナル・インフルエンス』184ページの表を修正）

い影響力を持っているということが示されたのであった。

オピニオンリーダーを調査で捕捉する

以上の議論は影響を受けた側の調査結果にもとづくものであったが、影響を与える側、つまりはオピニオンリーダーについての詳細な検討を行っている点も、ディケーター調査の特徴である。カッツらは、回答者の自己認識にもとづき、6月および8月の2回の調査のいずれにおいても「特定の領域で誰かから助言を求められた」と答えた者、およびび助言を求められたと答えたのは2回中1回だけだが、その領域において「他の友人とくらべて助言を求められることが多いほうだ」と答えた者をオピニオンリーダーと定義した。この定義からわかるように、カッツらはすべての領域において他者に影響を与えるオピニオンリーダーの存在を仮定しているわけではなく、流行リーダー、社会的・政治的問題リーダーといったように、領域ごとのオピニオンリーダーが存在すると考えている。このことは実際のデ

		購買行動リーダー	流行リーダー	社会的・政治的問題リーダー	映画リーダー	非リーダー
雑誌	低学歴層	41%	58%	60%	58%	30%
	高学歴層	65%	69%	63%	71%	53%
本	低学歴層	25%	47%	38%	38%	20%
	高学歴層	39%	42%	57%	51%	34%

表2-3　オピニオンリーダーと非リーダーの雑誌・本への接触率
（『パーソナル・インフルエンス』315ページ表54と316ページ表55を統合）

ータにおいても確認されており、購買行動、社会的・政治的問題、流行の3領域におけるオピニオンリーダーの重複を確認すると、3領域すべてのリーダーであった割合は3・1%、いずれか2領域のリーダーは10・3%、1領域のみのリーダーが27・4%、非リーダーが59・2%と、領域の重複は多くなかった。

コミュニケーションの二段の流れモデルにおいては、マスメディアからの情報はまずオピニオンリーダーに流れ、彼らを通じて非リーダーに流れると想定されるため、このモデルが現実に即しているならば、オピニオンリーダーは非リーダーよりも多くマスメディアに接触していることとなる。

『パーソナル・インフルエンス』では、ディケーター調査の対象となった4領域のオピニオンリーダーについて、学歴ごとにメディアへの接触が分析されている。その結果、いずれの領域のオピニオンリーダーにおいても、学歴を問わず、雑誌や本を読んでいる割合が非リーダーよりも高かった（表2－3）。また、流行と社会的・政治的問題リーダーについては、居住する町以外で発行される新聞や全国雑誌のニュース記事といった地域を越えたメディアへの接触が多かった。全国紙が中心の日本の感覚ではピンと来ないかもしれないが、アメリカの新聞は地方紙が中心であり、自分が居住する地域以外のニュースに触れることは、必ずしも多くないことがこの結果の前提となっている。

前記の結果はコミュニケーションの二段の流れモデルを支持するものであり、また、オピニオンリーダーは地域を越えて情報を持ち込む存在であることを示唆している。

このように、マスメディアが報じた情報が人々の所属する集団内のオピニオンリーダーを通じて間接的に伝達されるというメカニズムは、情報のフィルターとして機能し、マスメディアの影響力を限定的なものにすると考えられるのである。

3　マスメディアの影響を弱める「フィルター」

選択的接触

マスメディア限定効果論の背景となるメカニズムは、集団やコミュニケーションといった人と人の関係性において存在するだけでなく、個人の中にも存在している。実はその源流も『ピープルズ・チョイス』に描かれている。

本章の図2－2、図2－3に示したように、エリー調査においては、人々は共和党・民主党のプロパガンダに等しく接触していたわけではなかった。選挙期間中に一貫した投票意図を持っていた人はもちろんとして、明確な投票意図を持たない有権者ですら、その多くは社会属性から予測可能な政治的先有傾向に沿った接触を行っていたのである。

人々が、自らの立場に沿う情報に接触した場合には、もともとの意見が強化される形での影響はあったとしても、意見の変更は起こりにくいと考えられる。したがって、人々が先有傾向に沿った情報に接触しやすいとすれば、マスメディアの影響力は限定的なものにとどまることになる。このように、人々が自らの先有傾向に沿う情報に接触し、沿わない情報を回避する傾向は、メディア・コミュニケーション研究の分野で「選択的接触」と呼ばれる。

人々がもともと持つ意見に沿った情報に接触しやすいという現象に注目した研究の歴史は古く、17世紀にはすでに哲学者のベーコンが「人間はひとたび意見を持ってしまうと、その意見を支持する事実ばかりを集めてしまい、意見に一致しない事実は無視・軽視したり、見て見ぬふりをしたりしてしまう」と述べている。また、心理学の分野では、「確証バイアス」と呼ばれる同様の傾向についての研究が行われている。したがって、あつかわれている現象自体は、マスメディアへの接触に限った話ではないが、選択的接触という概念は、主に社会心理学者のフェスティンガー、社会学者のクラッパーという2人の人物の貢献によって確立され、マスメディア限定効果論の、ひいてはメディア・コミュニケーション研究全体にとっての中心的な概念として位置づけられるようになった。

認知的不協和理論

フェスティンガーは選択的接触の研究に対して、認知的不協和という理論的背景を与えた人物である。認知的不協和理論における「不協和」とは、「矛盾する意見・信念・知識などを抱えている状態」であり、意見・信念・知識などの総称として「認知」という語が用いられている。そして、認知的不協和の存在は心理的に不快であるから、人間は不協和を低減するように動機づけられているとされる。不協和が存在する場合には、低減を試みるだけでなく、不協和を増大させると思われる状況や情報を進んで回避しようとするため、選択的接触が生じるというのがフェスティンガーの説明である。

たとえば、「煙草を吸うと肺がんになりやすい」という記事が発表されたとする。この記事は、非喫煙者にとっては不協和を引き起こす情報ではないため、通常通りの接触が行われる。あるいは、たまに吸う程度の喫煙者が、記事を読んで煙草をやめてしまおうと思い、行動のほうを変化させるならば、不協和は解消される。この場合にも、選択的接触は起こらない。一方で、喫煙をやめることができない愛煙家たちは、不協和を引き起こす「煙草を吸うと肺がんになりやすい」という記事への接触をなるべく避け、「煙草と肺がんの因果関係は実は証明されていない」「禁煙をするとストレスを抱えることになり、かえって発病率が高まる」といった記事を一生懸命探すといった形で、選択的接触が生じると考えられる。

ただし、フェスティンガーは、極度に大きな不協和、具体的には「行動変容に対する抵抗よりも大きな不協和」が存在する場合には選択的接触は生じず、不協和を引き起こす情報に積極的に接触することで、行動の変容がもたらされると考えている。再び煙草の例で言えば、喫煙者である親族が肺がんで亡くなるといった事態に直面し、不協和を抱えきれなくなった際に、あえて煙草の害を示す情報を集めることで、自らを禁煙へと追い込もうとするといった状況が考えられる。あるいは、かつて学生運動に傾倒した者が「転向」し、積極的に保守運動に身を投じていくといった状況は、人間が極度に大きな不協和を抱えると不協和を引き起こす情報に意図的に接触するようになることを示しているかもしれない。

このように、認知的不協和理論においては、極度に大きな不協和が生じた場合を除いて、基本的には不協和の存在は選択的接触につながると考えられている。フェスティンガーは選択的接触を示す具体的な研究をいくつも挙げているが、ここではそのうちの2つを紹介する。

フェスティンガーのフィールド実験

1つ目は、防諜パンフレットへの接触についての研究である。第二次世界大戦中のアメリカにおいて、敵に情報を提供することにつながるおしゃべりの危険性を知らせる防諜キャンペーンが継続的に行われていた。研究対象となったのは、ニューヨーク州内のH町とC町における「Personal message（私信）」と呼ばれるパンフレットの効果である。当時H町ではすでに民間防衛局の手で「私信」が配布されていたが、C町ではこのパンフレットはまだ配布されていなかった。そこで研究者は、C町の住民から6人に1人の割合で対象者を抽出し、パンフレットを配付するとともに内容を読んでもらうよう依頼した。この研究の肝は、H町でパンフレットを読んでいるのは「民間防衛局から配られたものを自発的に読んだ意図的読者」、C町でパンフレットを読んでいるのは「本人の意図と無関係に選ばれ読むことを依頼された無意図的読者」となることである。これにより、自発的にパンフレットを読んだ者と半強制的に読まされた者の比較が可能になる。

次頁の表2－4に示した「戦争に関することで、なにか人に話してはいけないようなことを知っていると思いますか」という質問への回答を見ると、H町の意図的読者は非読者よりも「知っている」または「分からない」と答えた割合が高いのに対して、C町の無意図的読者の回答は非読者とあまり変わらなかった。C町において回答に大きな変化が見られなかったことから、防諜パンフレットを読むこと自体が、人々の情報に対する認識を変化させる効果は小さかったと考えられる。

一方で、H町において意図的読者と非読者のあいだに差が見られたのは、もともと「自分は人に話してはいけないようなことを知っているかもしれない」という認知を持っていた住民の

		人数	知っている、または分からない	知らない
H町	意図的読者	78	33%	67%
	非読者	443	18%	82%
C町	無意図的読者	100	20%	80%
	非読者	503	16%	84%

表2-4　防諜パンフレットの効果（『認知的不協和の理論』136ページ表13）

ほうが、パンフレットに接触しやすかったことを表している。この結果は、人間がもともと持っている認知に沿う形で意図的に情報接触を行うことを示唆している。

これまで本章で詳しく取り上げてきたのは、エリー調査やディケーター調査といった社会調査を用いた研究であった。社会調査において研究者は、対象者の行動に介入し影響を与えることをなるべく避けようとする。エリー調査は7波のパネル調査であったが、調査を繰り返すこと自体が原因となって対象者の政治関心を高めてしまうといった影響が出ていないかを確認するため、3波、4波、6波の調査時には新規の対象者を加えることで、継続的な調査対象者における調査結果が新規の対象者のものと乖離していないかを確認している。

一方で、防諜パンフレットの効果を検証するこの研究においては、C町で無作為に選んだ住民にパンフレットを配付するという形で、研究者による介入が行われている。このように研究者が介入を行ったうえでその効果を検証するのが実験研究である。また、人間を対象とした心理学などの実験の多くが、実験室に作り出した人工的な状況を用いて行われるのに対して、前記の研究は、防諜パンフレットの配付という実際の政策に関連した状況を用いているのが特徴である。

このように、実験室ではなく、現場で行われる実験は「フィールド実験」と呼ばれる。フィールド実験の利点は、得られた知見が現実の世界における人間の行動を反映している可能性（生態学的妥当性）が高く、政策などに直接応用しやすいという点である。

実験結果が現実の世界における人間の行動を反映していることの重要性は明らかだが、実験研究でより重視されるのは、研究者が想定した因果関係を検証できるように実験が設計されているかという内的妥当性である。先に挙げた防諜パンフレットの配布実験は、もともと「戦争に関して、人に話してはいけないことを知っているかもしれない」と考える人ほど、その考えに沿ってパンフレットに接触するということを示唆していた。

しかし、この結果が、認知的不協和にもとづく選択的接触によって生じているか否かは、この実験では直接検証できない。やや専門的な言い方になるが、フィールド実験においては状況を研究者が完全に統制することが難しいため、生態学的妥当性には優れるものの、内的妥当性においては実験室実験に劣る場合が多い。

トランプゲームが明らかにしたもの

次に紹介するのは、フェスティンガーらが行ったトランプゲームを用いた実験室実験である。

点数	勝者	獲得額
10～48点	A	賭け金と同額
49点	引き分け	なし
50～54点	B	賭け金と同額
55～59点	B	賭け金の2倍
60～64点	B	賭け金の4倍
65～70点	B	賭け金の8倍

表2-5　トランプゲームでの報酬獲得額（『認知的不協和の理論』157－158ページ）

この実験は、認知的不協和が生じる状況を人工的に作り出すことで、その過程を捉えようとしている。この実験においては、1組のトランプをよく交ぜたうえで7枚選び、その合計点を計算する。A（エース＝1）から10までの札は書かれている数字通り、絵札については10点として計算する。最高点は、7枚すべてが10点の「70点」となる。合計点によってプレイヤーの勝ち負けが決まるが、A、Bどちらの側（サイド）を選択するかによって、勝率や報酬の獲得額が異なっている。表2－5に示すように、10～48点で勝利するAを選択したほうが勝率は高いが、Bを選択すれば一度の勝ちで大きな額を獲得できるように設定されている。

対象者ははじめに2ドル50セントを渡され、ゲームが開始する。1回ごとの賭け金は5セントから25セントの範囲で変更可能であり、このゲームを30回繰り返す。対象者はきちんと考えれば有利なサイドを選ぶことができると教示されたうえで、自分の意思でA、Bどちらかのサイドを選択することができた。また、1ドルを支払えば、30回のゲームの中で一度だけサイドを変更することが可能であった（図2－5）。

図に示した通り、この実験では12回目が終わった後に、10から70までの各点数が出る確率が

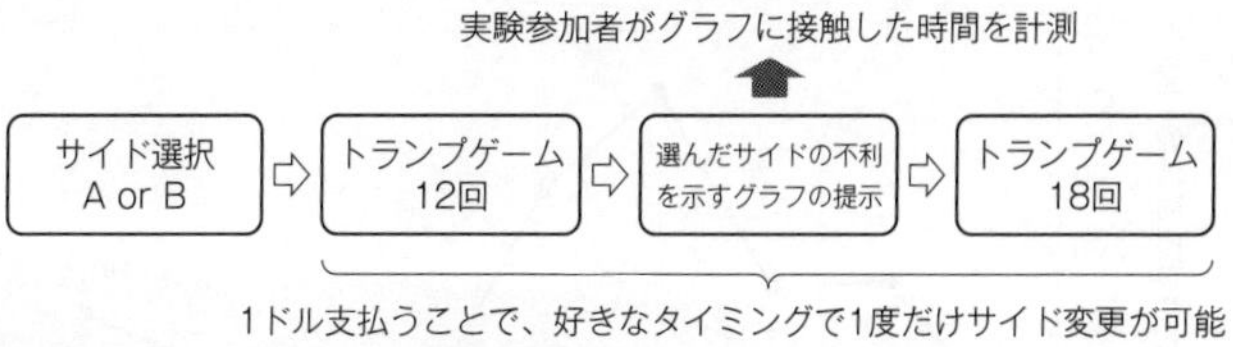

図2-5 トランプゲーム実験の流れ

いくらかというグラフを提示され、このグラフによって自身の選んだサイドがどれだけ有利・不利かということを読み取ることができると説明される。実はこのグラフは虚偽であり、正しく読み取ると必ず自身の選んだサイドが不利と解釈できるようになっていた。

当然のことながら、はじめの12回のゲームでの勝ち負けは人によって異なる。きちんと考えたうえで自身が有利と考えるサイドを選択するよう教示していることと、サイドの変更に1ドルかかることが、行動の変化への抵抗を生み出している。自身が選んだサイドで勝っている場合には不協和は生じないが、負ければ負けるほど、自身が勝てると思って行った選択とその後のゲームの結果から得られる情報とのあいだに不協和が生じることとなる。このように、人によって不協和の程度が異なる状態において、グラフという新たな情報が提示されるのである。

フェスティンガーらは、グラフが提示される前の12回のゲームの結果によって異なる不協和の強さとグラフを読み取る時間の関連を分析している。その結果については、図2-6に示す通りである。横軸は12回目までの勝ち金から元手の2ドル50セントを引いた獲得額を平均賭け金で割った値、縦軸はグラフの検討に費やした時間である。

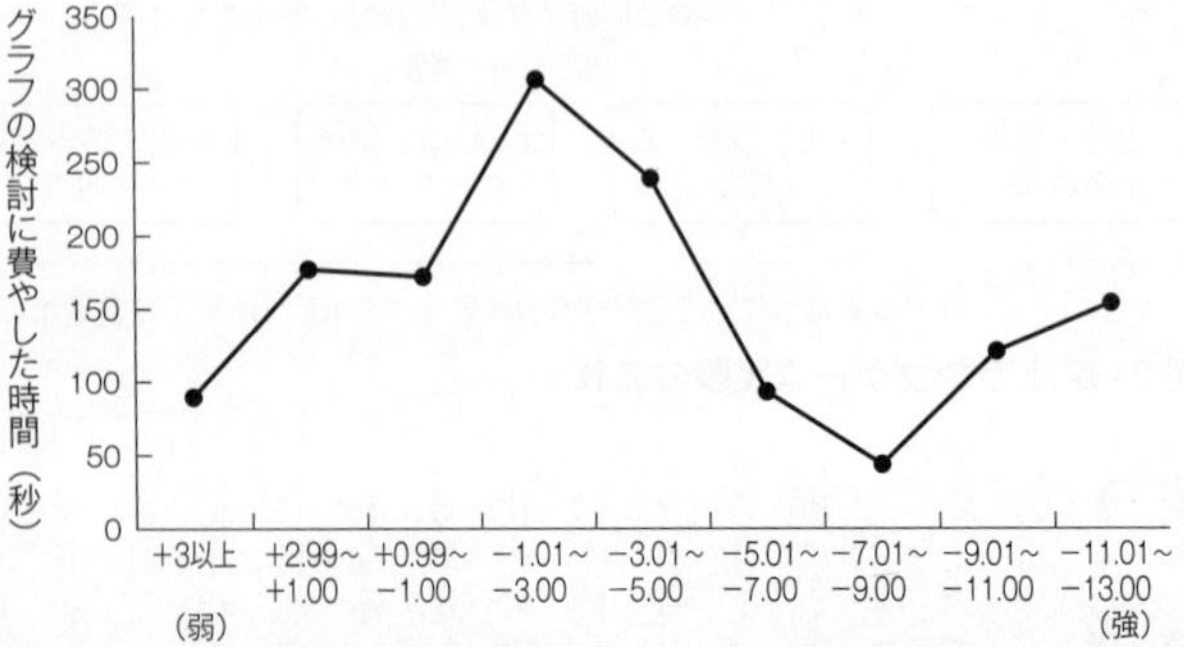

図 2-6　認知的不協和の程度とグラフへの接触時間（『認知的不協和の理論』162ページ図 5 を修正）

まず、横軸がプラスの場合、つまりは自分の選んだサイドで勝っていて不協和が生じていない状況においては、グラフの検討にあまり時間が費やされていない。

これに対して、不協和が−5までの負の値を取っている場合には、グラフの検討に費やす時間が長くなっている。このカテゴリーにおける対象者は、自分の選択と12回のゲームの結果から得られた情報のあいだに不協和を感じているが、グラフの検討によって不協和を低減するような新たな情報を得られるのではないかと考え、丹念に情報を読み取ろうとした結果であると考えられる。たとえば、グラフを検討した結果、「確率的には自分の選んだサイドが有利であり、たまたまこれまでの自分の運が悪かっただけである」と判明しないか期待していると考えられる。

それに対して、不協和の程度が−5を超えるあたりから検討時間が低くなり、−7から−8にかけてもっとも短くなっている。これは、すでに大きな不協和を感じている場合には、グラフ中にもさらに不協和を増大させる情報が含まれていると考え、新たな情報への接触をなるべく避けようとする傾向と読み取れる。一方で、図2-6の右端のもっとも不協和の大きなカテゴリーに向けて、グラフの検討に費やした時間が長くなっているのは、-9のあたりで不協和が行動変化への抵抗を上回っており、不協和を増大させる情報に積極的に触れることで、サイドを変更しようとしていると解釈できる。このように、認知的不協和の程度と選択的接触の複雑な関係を検証しているのが、この実験の特徴である。

トランプゲームで提示されたグラフの検証にどれだけ時間を費やすかという実験は、マスメディアを通じて発信される情報への選択的接触からは随分距離が遠く感じるであろうし、自らが選んだサイドで負け続けた対象者が長い時間をグラフの検証に費やすことと、政治的な転向を直接結びつけるのは、さすがに乱暴と感じるだろう。そのような観点から、この実験を非現実的で役に立たないものだと批判することもできる。しかし、実験を現実の社会に近づけようとするほど、状況の統制が困難になるため、内的妥当性と生態学的妥当性をひとつの実験において併存させることは困難になる。したがって、理論の正しさを示すためには、対象や手法が異なる複数の研究を組み合わせることで、理論が現実に当てはまるという証拠を少しずつ積み重ねるしかないのである。フェスティンガーの『認知的不協和の理論』においては、本章で紹介したフィールド実験・実験室実験以外にも、いくつもの研究が挙げられている。

4　マスメディアの影響力をめぐる論争

メディア研究におけるエビデンス

前述の通り、限定効果論の時代を特徴づけるのは、調査や実験といった科学的な手法による研究であった。『認知的不協和の理論』に見られるように、単一の研究ではなく複数の研究にもとづいて議論を行うことは、知見の信頼性を高めるうえで重要であるが、それでも将来的に理論と整合しない研究が現れたとき、批判を受けることは避けがたい。実際、認知的不協和理論は、社会心理学における理論の中でも、とくに多くの批判を受けた研究と言える。しかし、将来の研究によって反証される可能性を残していることこそ科学的な営みの特徴である。理論という名がついていてもそれはあくまで仮説であり、「未来永劫にわたってこの理論は正しい」と主張するならば、それはもはや科学とはいえない。

したがって、先行研究と整合性のない研究結果がもたらされること自体は自然なことであるが、社会科学においては、ややもするとそれが度を越しがちである。「人間の行動」や人間の集まりである「社会」という社会科学の研究対象は、自然科学の研究対象とくらべて、研究結果に影響を与えうるノイズを多く含んでいる。言うなれば「人それぞれ」「状況による」「時代による」といったことがあまりに多いのである。したがって、整合性のない知見が積み重なり、全体として何が言えるのか分からないという事態に陥る危険性がある。これでは科学の営みとしては正常であったとしても、実務家など科学者以外の者が知見を利用しようとする際には、問題が大きい。さりとて、知見の一貫性を追求するために、社会的文脈を切り落とした抽象化を極端に進めれば、現実社会の理解や予測には役立たない「研究のための研究」となるリスクも孕む。

たとえば、科学的な知見を実務にあたる者に利用しやすく整理することがもっとも切実に求められる分野のひとつは、医学（疫学）であろう。ある薬が効くかどうか、副作用が存在するか否かは、直接患者の生死につながりうる。したがって、単一の研究によって判断を行うことは危険であるとともに、知見が体系化されずバラバラの状態では、現場の医師が利用するうえで都合が悪い。

このような背景を元に、１９９０年代に根拠にもとづく医療（ＥＢＭ：Evidence-based medicine）と呼ばれる、最新の医学における知見を医療現場で利用できるようにするための試みが提唱された。ＥＢＭにおいて、個々の知見を現場で利用できるようにするためにまとめあげる手法は系統的レビューと呼ばれる。系統的レビューにおいては、設定した研究テーマについて、入手可能なすべての研究結果を集め、各研究の妥当性を評価する。そのうえで、複数の研究結果を統合するメタ分析と呼ばれる統計手法によって統合し、編集された結果が届けられる。

マスメディア研究の分野では、社会学者のクラッパーが『マス・コミュニケーションの効果』を出版し、1000以上の研究を網羅的に調べることで、一般化された知識の体系を構築しようとした。1960年刊行で、EBMが提唱される遥か以前の話であるから、知見の統合にメタ分析が用いられているわけではなく、個々の研究を統合する手法は洗練されているとは言えない。とはいえ、近年でこそ、EBMを参考にした社会科学の知見を行政に活かす「根拠にもとづく政策立案（Evidence-based policy making）」といった試みが提唱されているが、1960年の段階で、マスメディア事業者などの実務家が利用できるように、社会科学の知見を統合しようとしたことは特筆に値する。『マス・コミュニケーションの効果』は、アメリカ三大放送局のひとつであるCBSの援助を受けて出版されており、日本語への翻訳も、大学に所属する研究者ではなく、NHK放送学研究室が行っている。こうした点も、この書籍が実務家にとって重要であったことを示している。

限定効果論という体系

1940年代から1950年代にかけて、マスコミュニケーション研究は発展を遂げ、数多くの知見が積み上げられたが、それらは整理されず無秩序な状態にあった。クラッパーは、メディア・コミュニケーション研究者たちは「マスメディアが描く暴力は非行の原因になるのか」「受け手を政治的に説得するうえで、マスメディアは何ができるのか」などといった人々の問いに対して、時に矛盾する知見を示し、煮え切らない結論によって人々を失望させてきたと述べている。

マスコミュニケーションの効果に関する研究を秩序立て論じることなどできはしないという悲観論が大勢を占める中で、クラッパーは、知識の体系を作り上げるための機は熟しており、『マス・コミュニケーションの効果』において自分がそれを行うのだと力強く宣言した。クラッパー自身が限定効果論という言葉を用いているわけではないが、クラッパーが体系化を行ったことにより、1940年代から1950年代にかけての研究が限定効果論としてまとめられるようになったのである。

クラッパーが行ったマスコミュニケーションの効果の一般化のうち、とくに重要な点を抜き出すと以下の通りである。

・通常、マスコミュニケーションが受け手に影響を及ぼす際、必要かつ十分な原因として機能するわけではない。マスコミュニケーションは効果を媒介する諸要因の連鎖の中で作用する。マスコミュニケーションは、そのような「媒介的諸要因」の存在により、人々がもともと持つ意見や行動などを補強する場面において、とくに効果を持つ。

・マスコミュニケーションが人々の意見や行動などを変化させる際には、以下のいずれかの条件が存在する。

a)媒介的諸要因が無効である

b)通常は先有傾向を補強する状況にある諸要因が、変化を促進する方向に作用する

そして、マスコミュニケーションの影響力を限定的なものにとどめている媒介的諸要因として挙げられているのが、以下の5点である。

・先有傾向およびそれと関連した過程——選択的接触、選択的知覚、選択的記憶
・所属集団とその規範
・個人間での伝播
・オピニオンリーダーのリーダーシップ行使
・自由企業社会におけるマスメディアの性質

クラッパーは、マスメディアが人々の意見や行動を変化させる影響を妨害し、もともとの意見や行動を強化する方向に働かせる要因として、前述の選択的接触に加えて、「選択的知覚」と「選択的記憶」という、人間が本来的に持つ2つの傾向を挙げている。

選択的知覚は、自分の立場に沿わない情報、あるいは中立的な情報であっても、もともと持

っている認識に合致する形で理解する傾向のことである。たとえば、自分が支持する政権のスキャンダル記事自体を避けることができなくとも、「政府が行う改革に都合が悪い人間たちによって罠に嵌《は》められた」「マスコミはいつも政権の悪口ばかり書いて足を引っ張っている」などと認識すれば、政権への支持は変わらないだろう。

また、当然のことながら人間は接触した情報をすべて記憶しているわけではない。接触した情報のうち、自分の立場に沿った情報が記憶に残りやすいという傾向を、選択的記憶と呼ぶ。仮に異なる立場の情報に同程度接触したとしても、自分と同じ立場の情報が多く記憶されるのであれば、メディアから影響は受けにくくなる。

このように、クラッパーは先有傾向を維持する3つの過程を挙げているが、これらを区別したうえで検証することは簡単ではない。たとえば「政府に批判的な記事への接触」をしたかどうか調査で尋ねる場合には、そもそも接触しているか以外に、その記事をどの程度政府に批判的と知覚しているか、記事がどの程度記憶に残っているかという要素が交じってしまう。結果として、その後の研究は選択的接触をあつかったものが多くなったが、それらの研究であつかわれている選択的接触には、選択的知覚や選択的記憶が混在している場合が多いという問題がなおも存在する。

「所属集団とその規範」「個人間での伝播」「オピニオンリーダーのリーダーシップ行使」については、本章の2節においてすでに説明してきた通りである。ラザースフェルドやカッツが明らかにしたオピニオンリーダーから非リーダー（フォロワー）へという情報の流れが代表的なものだ。それ以外の個人と個人のあいだのコミュニケーション、およびその個人たちが形成する集団の存在も、マスメディアの影響力を限定的なものにとどめる媒介的要因として機能するとされている。

5点目の「自由企業社会におけるマスメディアの性質」とは、次のような意味である。民間のマスメディア事業者が競争に勝ち抜いてビジネスを続けるには、文字通りの意味でマス（＝大衆）を惹きつけなければいけないため、人々に幅広く共有されている価値観に沿った内容を発信することが求められる。このようなマスメディアへの接触により、人々にすでに受容されているもの、正統とみなされているものを再び確認させられることとなる。この性質はニュースやドキュメンタリーよりも、娯楽番組において顕著だとされる。

この指摘自体は重要であったが、短期的な接触がもたらす影響ではなく、長期的にメディアに接触し続けることの影響を論じており、この時点では調査などの科学的な手法による検証を経ていないなど、他の4点とは性質が明らかに異なる。そのため、限定効果論の文脈において強調されることは少ない。むしろ、この点は、限定効果論に続く「新しい強力効果論」の時代の研究である培養理論（cultivation theory）とのつながりが深い。したがって、第4章であらためて取りあつかう。

新規の意見形成

さらにもうひとつ、クラッパーが提示した重要な論点として、「新規に浮上した争点についての意見形成」が挙げられる。前述の媒介的諸要因は、争点についてあらかじめ意見を（少なくともオピニオンリーダーは）持っているという前提を置くものである。ということは、「まったく新しい争点」が提供された場合には、媒介的諸要因が働かず、マスメディアが、新たに意見を形成する役割を果たすという可能性が存在する。先有傾向自体が存在しなければ、選択的接触、選択的知覚、選択的記憶も起こらない。集団内で意見が共有されておらず、オピニオンリーダーでさえも知らない論点であれば、対人的コミュニケーションが影響力を阻害することもないと考えられる。

近年の日本において、多くの人々がそれまで考えたこともない、他者と話したこともないような争点がとつぜん掲げられ、急にマスメディアで大きく取り上げられるようになった例としては、たとえば小泉政権が掲げて2005年の衆議院議員総選挙の争点となった郵政民営化や、2010年に結成した大阪維新の会が掲げ、その後に続く地方議会選挙や首長選挙の争点となった大阪都構想などが挙げられる。

もちろん、これらの争点についての意見を持っていなかったとしても、「自民党」「小泉純一郎」「大阪維新の会」「橋下徹」といった対象についての意見はあらかじめ持っており、他者と話したことのある人も多かったであろうから、媒介的諸要因がまったく働かなかったということはないだろう。しかし、これらの争点についての報道に対して、「マスコミが政治家によってうまく利用され、世論を誘導してしまったのではないか」といった内容の批判や、ジャーナリストたち自身による反省が巻き起こったことは、ある意味自然でもある。

これまで議論されてこなかった新たな争点がとつぜん掲げられた際に、マスメディアが大きな影響力を持ちうるという点には、ジャーナリストも有権者も注意すべきであろう。クラッパーも引用している通り、「世間に対して最初に語ったものこそ常に正しい」と発言し、マスメディアが人々の持つ意見を変える力は弱くとも、新たに意見を創造する力を持ちうることを見抜いていたのは、前章でも登場したナチスの宣伝相ゲッベルスである。

限定効果論は、人々が先有傾向を持つ状況において、マスメディアが意見や行動を変更させる説得効果を持つのかどうかという文脈を中心としており、意見の形成を中心的にあつかってはいない。また、『マス・コミュニケーションの効果』の段階では、その検証が困難であり、それを示す信頼できる研究結果は少ないとも述べられている。それもあって、世論とメディアに関連した教科書などでも、取り上げられることは少ない。しかし、「意見の変化」や「意見の強化」ではなく、「意見の形成」という視点は、1970年代以降の研究へとつながる重要なテーマである。

クラッパー自身も、『マス・コミュニケーションの効果』はメディアの影響力についての一般的な知識の体系化を目的としながらも、あくまでその時点での体系を提示したものにすぎないと明記しており、同書が新たな研究を喚起し、後続の研究によって修正されることを望んでいた。ともあれ、後の研究者たちによって限定効果論と呼ばれることになる知識の体系の構築に大きく貢献するとともに、次代の研究につながるような視点を提示したという意味で、『マス・コミュニケーションの効果』の出版は、メディア・コミュニケーション研究におけるマイルストーンといえるのである。

マスメディア研究の一時的停滞

しかし、クラッパーの意図とは異なり、『マス・コミュニケーションの効果』の出版は、メディア・コミュニケーション研究に一時的な停滞をもたらすこととなる。クラッパーはマスメディアの影響力を過小評価することの危険性を訴えていたにもかかわらず、その後「マスメディアは大した影響力を持たない」という単純化された結論が独り歩きすることとなった。そのような結論が出たのであれば、マスメディアの効果の検証というテーマは研究者にとって知的刺激を喚起するものではなくなり、企業などにとっても大きな予算を投じて研究を支援する価値のあるテーマではなくなる。結果として、多くの研究者がマスメディアの研究から他の分野へとテーマを変更していった。

デファクト選択性

その一方で、限定効果論に対する批判的な観点からの研究は行われ続けた。その代表例は、政治心理学者のシアーズとフリードマンによる、選択的接触についての実証的な知見の再検討である。彼らは、認知的不協和にもとづく接触が生じるという結果を直接提示した研究が実は少ないことを示した。さらには、選択的接触が起きているように見えても、それは個人の認知過程によるものではなく、宗教、教育態度、人種など、他の要因によって生じている場合も多いという主張を行い、個人の認知によらない選択性を「デファクト選択性」と呼んだ。

たとえば、関西在住の阪神ファンは朝の情報番組を選ぶ際に、阪神タイガースに好意的な番組を選んでいる場合が多いだろう。しかし、彼らがみな、タイガースが好きだからという理由で番組を選択しているとは限らない。関西ではタイガースに好意的な番組が多いため、関西に住んでいれば自然とタイガースに好意的な番組に接触することが多くなる。このように、個人を取り巻く環境によってメディアの選択が規定されているにもかかわらず、見かけ上は個人が選択的に接触しているように見える状況をデファクト選択性と呼ぶのである。

もっとも、シアーズとフリードマンによって、選択的接触によると見られてきた現象が、すべてデファクト選択性にすぎないと看破されたわけではない。社会心理学者のウィックランドとブルームが主張しているように、実験室実験において示された選択的接触については、統制された条件下における接触をあつかっており、そもそも参加者を取り巻く環境の違いが実験結果に影響を与える余地はない。また、その後の研究において、選択的接触を生じさせる個人の認知メカニズムは、認知的不協和以外にもいくつか提案されている。

たとえば、社会心理学者のクンダによってまとめられた「動機づけられた推論」がその一例である。この研究においては、われわれが情報を探索し、何らかの結論を導き出す過程において、人間を特定の目標へと向かわせる動機づけが重要な影響を及ぼすと考える。さらに、想定される目標は「正確性」と「方向性」の2つに大別される。

自分の考えの正しさを他者に説明する必要が生じた場合など、われわれが正確性という目標に動機づけられた場合には、より複雑で精緻な情報探索を行うようになる。一方で、多くの場合には、われわれは方向性という目標に動機づけられており、特定の結論に達することを目標として、偏った情報探索が行われる。たとえば、就職活動にあたって自分の人生を振り返ろうとするとき、外向的な人が成功すると言われれば、自分が外向的にふるまったエピソードを多く思い出すし、内向的な人が成功すると言われれば、自分が内向的にふるまったエピソードを多く思い出すといった具合である。そして、選択的接触の文脈においては、方向性という目標による動機づけは、自らがもともと持つ意見に沿った情報探索をうながす。

人間がフェイクニュースに騙されるのは、いじわるなテスト問題にひっかかるようなものだと思うかもしれない。しかしそもそも、われわれがニュースに接する際に、テスト問題を解くときのように「正確性」という目標に動機づけられているのではなく、「特定の方向性」という目標によって動機づけられているのならば、自身の意見に沿ったフェイクニュースを信じることは目標にかなっている。重要なのは、自らの意見に沿うかどうかであり、真実かどうかはどうでもいいということである。

シアーズとフリードマンによって選択的接触研究が全否定されたわけではないが、少なくとも個人の認知過程によって選択的接触が起こる状況は「限定される」ということを、多くの研究者は認めざるをえなかった。まとめれば、選択的接触はマスメディアの影響力を限定的なものにとどめるメカニズムであるが、そのメカニズムが働く状況もまた限定的であるということである。その後は、選択的接触が働く状況とそうでない状況を特定する研究が行われていくことになる。

限定効果論の適用範囲も「限定的」であるというのは、いかにもつまらない話であると思われるかもしれない。しかし、選択的接触が生じやすい状況とは、たとえば、人々が処理しきれないほど多くの選択肢が存在する状況、自分が何もしなくとも情報がやってくるのではなく、能動的な探索が求められる状況、情報が不可逆的に流れていくのではなく、自身で前の情報に戻ってそれを確認することができる状況などである。限定効果論の時代にはあまり多くはなかった状況だが、現代に生きるわれわれは、このようなメディアをよく知っているではないか。そう、まさにインターネットというメディアこそ、選択的接触が生じやすい状況に合致しているのである。したがって、インターネットの登場は、数十年の時を経て選択的接触という概念をメディア・コミュニケーション研究の中心へと引き戻すこととなった。この点については第5章で議論する。

コミュニケーションの多段の流れ

限定効果論のもうひとつの柱である対人的コミュニケーションについてはどうだろう。人々の意見や行動に対して、マスメディアではなく集団や他者とのコミュニケーションが強い影響力を持つという知見は、その後も大筋として否定されてはいない。たとえば、人々の政治行動がいかに対人的ネットワークに規定されているかという点については、アメリカでは政治学者のハックフェルド、日本では社会心理学者の池田謙一らによって、1990年代以降も研究が継続された。

しかし、マスメディアからオピニオンリーダーへ、オピニオンリーダーからフォロワーへというコミュニケーションの二段の流れモデルについては、過度に単純化されたモデルであり、実際には多段階の流れが生じているではないかという批判は、モデルが提示された直後からつきまとってきた。

実際、ディケーター調査においても、オピニオンリーダーと非リーダーについて他者の影響力とマスメディアの影響力を比較すると、流行リーダーについては他者よりもマスメディアから影響を受ける割合のほうが高かったものの、購買行動リーダーについては同程度であり、社会的・政治的問題リーダーについては、他者から受ける影響のほうが強かった。つまり、オピニオンリーダーとされた人々も他者から影響を受けているのである。

もっとも、ラザースフェルドやカッツがコミュニケーションの二段の流れという単純化されたモデルを提示した理由は、研究における方法論的な限界が大きいだろう。彼らは調査回答者に影響を与えた人物に調査を行っているが、多段階の影響過程について検証するためには、さらに影響元をさかのぼらなければならない。しかし、自分で社会調査を実施した経験があればすぐにわかることだが、二段階の影響過程について調査を行うだけでも困難であり、たとえば選挙を題材としてAという人物がBという人物に影響を与え、さらにBという人物がCという人物に影響を与えるといった過程を調査するには、途方もない予算や時間が必要となる。

仮に多段階の情報の流れが調査できるとすれば、情報の流通範囲がある程度限定されており、誰から影響を受けたかが明確である特殊な状況においてのみであろう。そう考えると、コミュニケーションの二段の流れというモデルは単純化されすぎているという批判を自身でも理解していたカッツが、その後、社会学者のコールマンやメンゼルとともに、医師による新薬採用研究に着手したのは自然なことである。新薬をどのタイミングで誰が採用したかということは明確であり、また誰から影響を受けたかという点についても専門家同士であるからわかりやすい。さらには、ある地域のすべての住民に調査を行うことは予算的にも時間的にも研究者の手ではほぼ不可能であるが、ある地域に住むすべての医師への調査であれば可能である。さらには、新しい農薬や栽培法などの農業技術の採用も、新薬の採用と同様、情報の流れを確認することが比較的容易な分野であり、多段階の情報の流れについて検証した知見が蓄積されている分野であった。

イノベーションはいかに普及するか

これらの研究をまとめあげ、「イノベーション普及学」という分野を提唱したのが、社会学者のロジャースである。ロジャースは革新性というパラメーターを導入し、これによって人々を5つの採用者カテゴリーに分割している。新薬や農業技術に限らず、人々が新たな技術や製品を採用する際には、以下のような順番で推移するというのである。

① イノベーター（2・5％）
② 初期採用者・オピニオンリーダー（13・5％）
③ 前期追随者（34％）
④ 後期追随者（34％）
⑤ 遅滞者（13・5％）

「チェンジエージェント」と呼ばれる、新しい技術や製品などの普及を目指す側にまず接触しやすいのがイノベーターである。イノベーターは、所属する集団の枠を越えて移動し、情報を集める。ただし、彼らの価値観は集団の多数派とはかけ離れていることが多いため、直接的に集団のメンバーの行動を変化させることは難しい。集団に新しい技術や製品を広げるのは、集団のローカルなリーダーである初期採用者（early adopters）である。彼らは、コミュニケーションの二段の流れモデルにおけるオピニオンリーダーに対応する。イノベーターやオピニオンリーダーは、集団内のコミュニケーションだけでなく、集団外からの情報を取り入れることに熱心であるため、それ以外の人々とくらべてマスメディアにも多く接触する。

一方で、前期追随者（early majority）以降の人々は、マスメディアなどの集団外部の情報よりも、集団内の対人的コミュニケーションの影響を受けて、新しい技術や製品を採用する。後期追随者（late majority）が新しい技術や製品を取り入れるころには、もはや新しくはなくなっており、それを採用することによる不確実性も、ほぼ取り除かれている。遅滞者（laggards）は後期追随者に続き、最後に技術や製品を採用する人々である。

イノベーション普及について思い出すのは、10年以上前のエピソードである。筆者が研究室の後輩たちと久々に会った際、ひとりが変なものを持ってきた。携帯電話の一種であるらしいが、折りたたむことができず、ポケットに入れるにも邪魔そうである。しかも、ボタンを押すのではなくスクリーンを触って操作するというのも、いかにも誤作動が起こりそうで使いにくい印象を受けた。もちろん、これはスマートフォンであるが、当時はまだ利用者が少なかった。最新のガジェットをあつかう雑誌などでは話題なのかもしれないが、一部のマニア向けの製品で終わるだろうというのがそのときの私の正直な感想であった。それから約4年後、大学に勤めていた筆者は「先生、さすがにそろそろスマホにしないとヤバいんじゃないですか」という教え子たちの声に押されて、スマートフォンを購入した。そのころにはスマートフォンではない、いわゆるガラケーを使っている者は少数派となっていた。この例で言えば、スマートフォンをいち早く購入した後輩は初期採用者、周囲の多数派から影響を受けて購入した筆者は後期追随者あたりであろうか。

このように、コミュニケーションの二段の流れ説は激しい批判を受けることになったものの、マスメディア限定効果論の枠組みを越え、ロジャースの「イノベーション普及学」へとつながり、経営学などの分野に大きな影響を与えることとなったのである。

限定効果論と科学的知見

もうひとつの批判は、限定効果論全体に対して「マスメディアの影響力を過小評価することによって、現在の社会で支配的な世界観や文化を広め、維持するマスメディアの権力性を覆い隠すことになる」というものである。この視点自体は重要であり、現在の社会で支配的な世界観や文化の維持という点は、1970年代以降に行われた培養理論などの研究とも結びつく。

ただし、これらの批判の多くは、調査や実験によって積み重ねられてきた科学的な知見を無視しているという問題が存在する。科学的な知見は後の研究によって否定されるとしても、その反証までも含めて、人類が真実に近づくための過程となる。その一方で、過去の研究の蓄積を無視した問題提起には、議論を喚起することの重要性こそ認められるものの、その議論は「マスメディアの影響力は実は大きい」「いや、やはり大きくない」といった堂々巡りに陥る危険性もある。

もっとも、限定効果論を肯定する研究者たちが科学的な知見を尊重する立場を貫くことができていたかといえば、それも怪しい。彼らは彼らで、限定効果論を「巨大なマスメディアの影響力に抵抗する能動性を持った市民たち」といった物語と結びつけて受容してしまった側面がある。

先有傾向にもとづく選択的接触や集団、対人コミュニケーションの影響は、必ずしも「能動性を持った市民たち」という美しい物語に沿うものではない。人々が団結し、理性をもってマスメディアから発せられるメッセージに対抗しているわけではなく、ヒト（ホモ・サピエンス）という生物が持つ特徴によって、偶然マスメディアの影響力が弱められているというだけだろう。選択的接触は、悪く言えば人々がいかに頑迷であるかということである。また、自分と同じ意見を持つ人と集団を形成するということは、自らと異なる立場を排除する不寛容につながる。選択的接触や集団、対人コミュニケーションの影響力それ自体は、善でも悪でもない。

もちろん、ヒトがどのような生物であるかということと、現代社会に生きる人間がどのような社会を作り上げるかということは別の話である。たとえば、社会心理学において、ヒトは自らが所属する内集団とそれ以外の外集団を区別し、内集団のメンバーを高く評価し、外集団のメンバーを低く評価することが明らかにされている。したがって、ヒトという生物が差別を行うことはある意味生得的な傾向といえる。

しかし、それは現代社会に生きる人間による差別が肯定されるということは意味しない。ヒトの特徴を理解したうえで、制度、法律、教育などによって、差別をなくしていくための対策が求められる。そして、有効性のある対策を取るためには、人間や社会を理解する段階で、なるべく価値判断を取り除いて観察することが重要である。

限定効果論の時代に発展した科学的手法は、価値判断にとらわれがちな人間がそれを取り除いて社会を分析するためのものであり、調査や実験を通じたマスコミュニケーションの影響力についての知見の蓄積自体は、社会のあるべき姿とは切り離して理解すべきであった。しかし、実際には限定効果論を否定する側も肯定する側も、知見を受容する際に価値判断にとらわれてしまったことが、その後の研究の停滞につながったように思える。

マスメディアを過大評価することの危険性

また、「科学的な手法」を重視する立場に対して、メディア・コミュニケーション研究者の使命は人々をプロパガンダから守ることであり、そのためには強大な影響力を持つマスメディアの危険性を訴えることが重要であるから、根拠は多少薄弱でも構わない。つまり「目的は手段を正当化する」という主張もありうるかもしれない。

しかし、「強大な影響力を持つマスメディアの危険性」を訴えることに危険性はないのだろうか。「強力なメディアに容易に操作される個人」という大衆社会論的なメディア観が看過できないのは、全体主義の台頭を防ぐためにメディアを統制しようとする試みが、逆に全体主義的な政府を助けることにつながりうるからである。「マスメディアは強大な効果を持っているから規制すべきである」という主張ほど、マスメディアに監視されず、思うがままに権力を行使したいと考える政治家にとって都合の良いものはない。このようにマスメディアの影響力を過大視することもまた、影響力の過小視を批判する立場の研究者たちがもっとも恐れる事態を招く可能性がある。

それにしても、なぜ研究者、政治家、それ以外の一般有権者など、さまざまな人のあいだで、マスメディアの影響力は強大であるという認識が広がっているのであろうか。限定効果論を批判する研究者たちが、マスメディアの影響力の強大さを訴え続けてきたことのみが理由だとは到底考えられない。

考えられる説明のひとつは、人々がマスメディアの影響力を過大視する仕組みが存在するということである。そしてもうひとつは、マスメディアの強大な影響力は、限定効果論が想定しているような、人々の意見や行動を変えるという場面ではなく、別の場面に発揮されるということである。

次章では、人々がマスメディアの影響力を認知するうえでのバイアス（歪み）に注目し、「限定効果論が示したようにマスメディアが大きな効果を持たないのならば、なぜ人々はそんなにマスメディアの効果を強大だと認識するのか」というパズルの鍵を探っていきたい。

第3章

社会に広がる「2つのバイアス」

――第三者効果と敵対的メディア認知

マスメディアは大きな効果を持たないという研究結果が示されているのにもかかわらず、人々がその影響力を大きく見積もっているとすれば、その理由としては、人々の認識が誤っているか、それとも研究に問題があったか、2つの可能性が考えられるだろう。

ここであらかじめ断っておくならば、正解はその両方である。人々は実際よりもマスメディアの影響力を恐れているという事実があるとともに、「マスメディアが人々の意見や行動を特定の方向に誘導する」という仮定にもとづく研究では捉えられない形での影響力を持つという側面も存在する。本章では前者について、次章では後者について述べる。

本章が提供するのは、いわば「マスメディアを疑う」ということを疑う視点である。メディアから得た情報を鵜呑みにせず批判的に検討することは、メディア・リテラシーの重要な要素

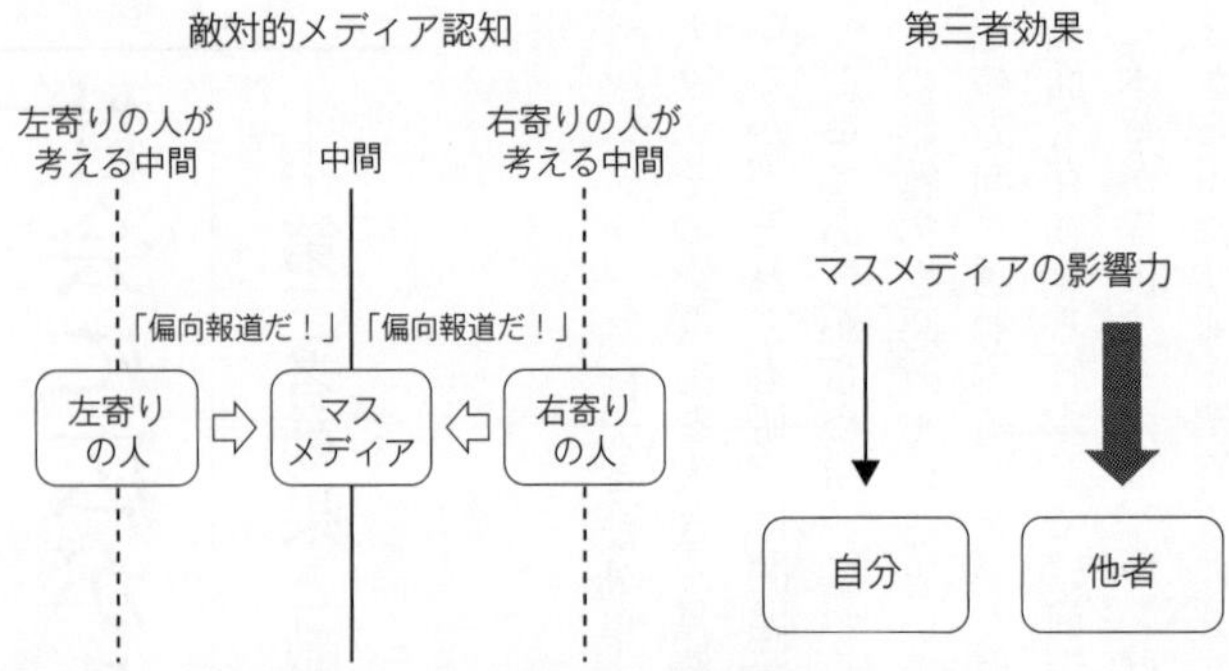

図３-１　マスメディアへのバイアスの模式図

である。この重要性については、もちろん本書でも否定しない。しかし、マスメディアを疑った結果として、「マスゴミが語らない真実」などと騙《かた》るウェブ上のフェイク情報に飛びつくようでは、目もあてられない。批判的に物事を見ることは、自分自身の観点が正しいかどうかについても批判的な検討の対象にしてこそ意味を持つ。マスメディアについては批判的に見る一方で、自分自身の立場を絶対視しているようでは、批判的思考とは到底呼べない。

私たち人間のマスメディアを見る目がいかにバイアス（歪み）に満ちているか、本章で紹介する「第三者効果」「敵対的メディア認知」は、そのことを如実に表している。

これらのバイアスを模式的に表したのが図３－１であり、第三者効果は「自分自身に対するメディアの影響力とくらべて他者への影響力を過大視する」、敵対的メディア認知は「マスメディアの報道を自身の立場とは逆の方向に偏っているとみなす」という傾向である。これらのバイアスがあるがゆえに、実際にはマスメディアの影響力が限定的であっても、（自分は影響されないが）他者には大きな影響を持つと考えがちだ。後述するように、マスメディアは巷間で語られるより中立的な存在なのだが、実際以上に偏向していると認識される。2つのバイアスはそれぞれ「硫黄島の戦い」「サブラ・シャティーラの虐殺」といった世界史上の出来事を契機として発見され、現代に至るまで実験や調査を通じて検証され続けてきたものである。まずは、社会学者のデヴィソンによる第三者効果の発見から議論をはじめよう。

1　「私はマスメディアに影響されない。しかし他人は影響される」

硫黄島の戦いと第三者効果の発見

太平洋戦争が終結して約5年が経ったころ、デヴィソンは米海兵隊の資料をまとめていた歴史学者のアイズレーから、日米が激戦を繰り広げた硫黄島の戦いにおける興味深いエピソードを聞いた。

海兵隊には黒人のみによって構成された部隊が存在していたが、その将校は白人であった。

硫黄島の戦いにおける爆撃
（写真：近現代PL／アフロ）

そこで日本軍は、白人将校が率いる黒人部隊の位置を特定すると「白人のために命を張るな。可及的速やかに投降せよ、脱走でも構わない。危険を冒すんじゃない」といった内容が書かれたビラ（リーフレット）を飛行機から投下した。つまり、太平洋戦争は白人と有色人種の戦争であり、日本は有色人種同士で争うつもりはないというメッセージを強調したのである。このメッセージによって黒人兵士たちが心を動かされたという証拠は一切残っていないにもかかわらず、ビラの存在を知った白人将校は部隊を再編成し、翌日には撤退させてしまったという。付け加えておくと、このように歴史的経緯を利用して将校と兵士の分断を煽《あお》るビラを撒《ま》くこと自体が画期的な手法だったわけではない。歴史学者の一ノ瀬俊也が明らかにしているように、米軍も朝鮮人や沖縄住民に対して「日本人のために戦う必要があるのか」「内地人のために戦う必要があるのか」といった分断を図るビラを撒いている。

ビラが黒人兵士たちに実際に影響を与えたわけではないのにもかかわらず、なぜ白人将校は部隊を撤退させたのか。世論研究の専門家であるデヴィソンであれば、この疑問に答えることができるかもしれないと思い、アイズレーは相談を持ちかけたのだった。デヴィソンは、「白人将校の罪悪感や実体のある対策を好む軍隊の傾向かもしれない」などと歯切れの悪い回答をしたものの、それ以外にも何かがあるのではないかと頭の片隅にひっかかり続けた。

彼はその後、似たような事例にいくつも遭遇する。彼が出会ったジャーナリストたちは、「新聞社説は自分たちのような人間に影響を与えることは少ないが、一般の読者たちには大きな影響を与えるんだよ」と語るが、実際にはそのような証拠はなかった。また、彼が選挙キャンペーンのボランティアに参加した際、相手陣営のビラの出来の良さに驚き、慌てて対抗するビラを撒いたが、どちらの陣営のビラも大きな効果は持たなかったことを選挙後の調査で知った。

これらの経験を元に、デヴィソンはひとつの仮説を導出する。それは「人間は、他者に対するメディアの影響力を過大視する傾向を持つ」というものであった。彼はこの傾向を、メディアは「私」や「あなた」のような人ではなく「どこかの誰か（第三者）」に影響を与えるとみなすバイアスと捉え、「第三者効果（Third person effect）」と呼んだ。同時に、人々が他者への影響力を過大視する結果、メッセージの直接のターゲットではない人物が、「自分のような人間は影響されないが、他の人々は影響されてしまうだろう」と考え、行動を変容させる効果もある。このように、メディアの発信者を第一者、直接想定されるターゲットを第二者とすると、メディアがそれとは異なる第三者に影響を与えるという意味からも、第三者効果と名づけるのがふさわしいとデヴィソンは述べている。

デヴィソンはこの仮説を検証するため、①1978年のニューヨーク市長選挙において、共和党候補が現職市長から要求された納税申告書の公開を拒んだことの投票への影響、②子ども時代の親へのおねだりに対するテレビの影響、③1980年のアメリカ大統領選挙への投票に対するニューハンプシャー州予備選の影響、④1980年の大統領選でのレーガン候補のタカ派的主張が投票行動に及ぼす影響について、自身への影響力と他者への影響力を比較する4つの調査を行った。その結果、いずれにおいても、自身への影響力よりも他者への影響力が大きく見積もられたのである。

ただし、それぞれの調査のサンプルは30名程度と少なく、対象も大学院生や放送博物館(現ペイリー・メディアセンター)の市民講座の受講生であった。これでは、調査対象が一般市民を代表するとは到底言えない。第三者効果というメディア・コミュニケーション学や社会心理学の教科書に載るような研究が、このような小規模かつ偏った対象者への調査にもとづいていたことには驚かされるが、この原因のひとつは、実はデヴィソン自身が第三者効果の研究をそれほど重要と考えていなかったことによる。彼は、第三者効果は面白い現象ではあっても、理論的な広がりや大きな社会的意義を持つものとは考えておらず、そんな「些末な」現象の検証に大きな労力を割くよりは、より重要な研究に取り組みたいと考えていたのである。

もっとも、端緒となる論文で用いられたデータが不十分であったからと言って、第三者効果の存在自体に疑義を挟む必要があるわけではない。その後、デヴィソン以外の世界中の多くの研究者の手によって、第三者効果の存在を示す結果が示されている。社会心理学の研究には、追試によって結果がなかなか再現されないものも存在するが、第三者効果は、さまざまな対象や測定法の相違によらず、比較的結果が再現されやすい研究だと言える。たとえば、図3－2に示したのは、著者自身が実施したウェブ調査の結果である。「あなた自身の政治に対する意見は、マスコミが伝えるニュースの影響をどの程度受けていると思いますか」および「一般的な日本人の政治に対する意見は、マスコミが伝えるニュースの影響をどの程度受けていると思いますか」という質問に対して、「まったく影響を受けていない」（1）から「非常に影響を受けている」（7）までの7段階で回答を求めたところ、平均値には1点以上の差が見られた。なお、第三者効果研究の隆盛を受けて、デヴィソンは論文発表から13年後に、研究の価値を自身で見抜けなかったことを恥ずかしく思うと述懐している。

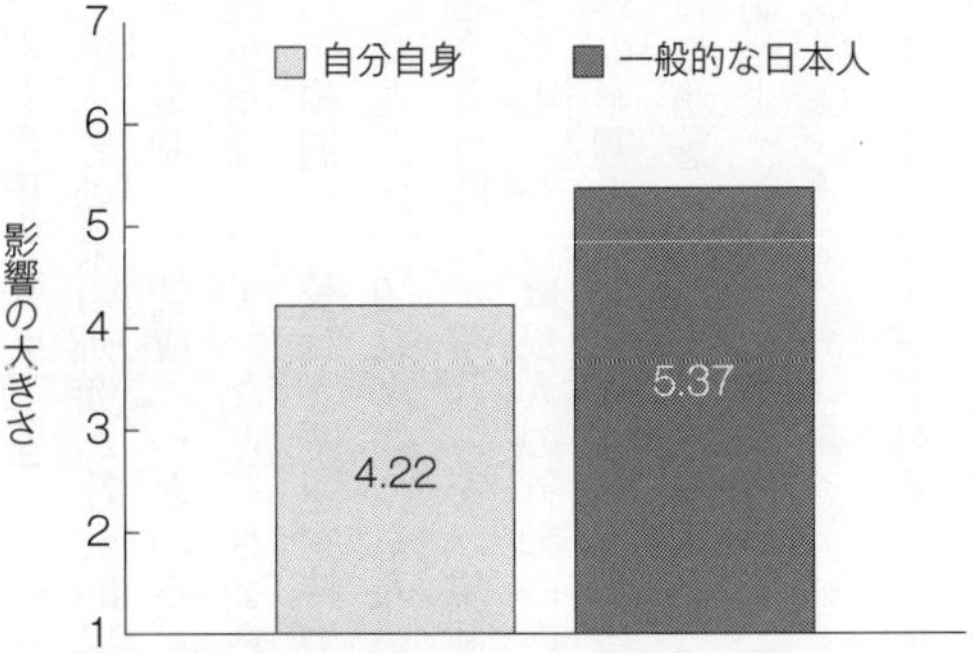

図3-2　第三者効果の再現（n=1432）

第三者効果の研究が社会的に重要である理由としては、この現象が検閲をはじめとするメディア規制への賛成につながる可能性が示されていることが挙げられる。ポルノグラフィや暴力、選挙キャンペーンなど、さまざまな分野において人々が示す第三者効果的なバイアスが、メディア規制への賛意と関連を持つことがこれまでに明らかになっているのである。

たとえば、凶悪事件の犯人が暴力的な要素を持つアニメやゲームなどを好んでいたことが報道された際に、それらを「規制せよ」という声が挙がったという例は枚挙に遑がない。アニメやゲームなどは犯人の行動に影響を与えうる多くの要因のひとつにすぎないが、これらの他者への影響力が過大視されるからこそ、規制を求める声が挙がるのであろう。もっとも、このような事態に際して、SNS上などで「安易にアニメやゲームを悪者にするワイドショーこそ規制せよ」といった声が挙がることもまた、第三者効果が根深いことを表しているといえるかもしれない。

このように第三者効果の現象自体は広範に見られるものの、第三者効果がなぜ生じるのかについては見解が一致していない。

メディア効果論の観点からは、第1章であつかった強力効果論的なマスメディアのイメージを人々が持つこと自体に理由を求める議論がある。しかし、人々が「マスメディアは強大である」という認識を持つことを所与のものとして、マスメディアの他者への影響力の過大視に関わる第三者効果を説明するのは、トートロジー（同語反復）と言わざるをえない面がある。しかも、なぜ自分と他者で受ける影響力が異なると認識するのかを説明できない。したがって、第三者効果を人々のマスメディア観という要因からのみ説明するのは、有効とは言えない方法であろう。

また、たとえば社会心理学者の白岩祐子らは、裁判員裁判についてのシナリオを用いた研究を行っている。その結果によれば、刑事事件の被害者が裁判に参加して意見や質問を述べることによって、自身の量刑判断は影響を受けないが他の裁判員には影響すると、人々は認識する。第三者効果と同様の自己と他者への影響力の認識の差は、メディアを介さない場合でも見られるのである。

心理学者のプロニンは、人間が「他者は周囲から影響を受けて同調しているけれども、自身は周囲から影響を受けていない」という認識を持つことを、自らを「群れの中の孤立した羊」と信じ込んでいるようだと表現している。このように、第三者効果のある部分はマスメディア領域に限らない人間の基本的な傾向として理解すべきだと考えられる。

それでは、なぜ自己への影響力と他者への影響力の認識には差が見られるのだろうか。有力な説明のひとつは、自己評価を高く維持したいという動機にもとづく自己高揚傾向による説明である。ポルノや暴力、選挙におけるネガティブキャンペーンといった、影響を受けることが社会的に望ましくないと考えられるメッセージについては、第三者効果が明確に示されることが多い一方で、臓器移植の推進や子どもへの禁煙キャンペーンなど、影響を受けることが望ましいと考えられるメッセージについては自己と他者への影響力の評定に差が見られない場合がある。それどころか、むしろ自己への影響力を他者への影響力よりも高く認識する第一者効果（First person effect）あるいは逆第三者効果（Reverse third person effect）と呼ばれる現象が起こる場合さえある。加えて、同じテーマに関するものであっても、人々を説得するメッセージの質が高いとみなされた場合には、第三者効果が生じにくい、あるいは第一者効果が生じうることが知られている。

このように、人々は単純にマスメディアのメッセージが自己よりも他者に大きく影響すると認識しているのではなく、影響を受けてはいけないメッセージについては他者への影響力、影響を受けるべきメッセージについては自身への影響力のほうが大きいという、自分にとって都合の良い認識を持っているという研究結果は、自己高揚傾向による説明の妥当性を支持するものである。たとえ、その評価が現実とは乖離したものであっても、ある程度自己評価を高く維持する仕組みを持つことは、人類の生存にとって有利であったと仮定できる。

一方で、プロニンは自己高揚による説明を完全には否定しないものの、「内観についての幻想」という別の説明を提出している。私たちが意思決定を行った際、自分自身がどのように考えた結果としてその決定に至ったかを振り返る「内観」を行うことが可能である。しかし、他者の意思決定過程について内観を行うことは不可能だ。他者がなぜそのような選択を行ったか、なぜそのような意見を持つに至ったかについては、基本的には外部からの行動観察にもとづいて判断する他なく、彼らが何を考えていたかを覗くことはできない。これにより、自身の決定は熟考の末に行われたものであるのに対して、他者の決定については、「誰かに影響を受けたのだろう」といった安易な説明を行ってしまいがちだというのである。ましてやメディアの報道は目立つ存在であるがゆえに、他者の決定の原因をメディアの影響に求めやすいというのは、想像に難くない。

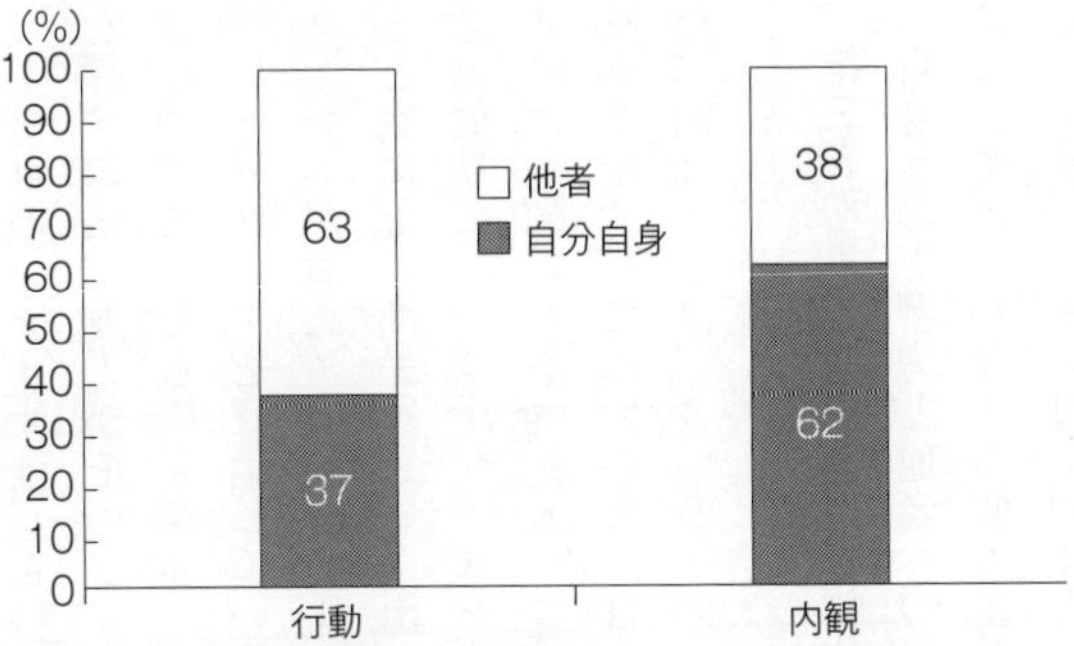

図３-３　自分自身と他者の同調シナリオにおける行動と内観の選択率（Pronin, Berger & Molouki, 2007. p.592 Figure 2を修正）

プロニンらはこの説明を支持する複数の実験結果を示しているが、そのうちのひとつを紹介する。この実験は、92名のスタンフォード大学の学生を対象に、３種類のシナリオを読んで質問に回答してもらう形式であった。シナリオはいずれも登場人物（自分自身、あるいはキャロル、ジョン、マイク）が周囲の人間やＣＭの影響を受ける状況を描いているが、回答者には、それぞれの選択について「内観」と「行動」のいずれにもとづくと考えられるかを回答してもらった。

1つ目のシナリオは、衣料品店でジーンズを買う設定であり、選択肢は、「内観：ジーンズを探す際に、友人がそのジーンズを着ていたかどうかを考える」「行動：最近よく友人たちが身につけていたものを選ぶ」というものであった。2つ目は、自分の好きなタレントが新しいソフトドリンクを宣伝しているテレビCMを見るという状況であり、選択肢は「内観：視聴中、タレントが薦める商品に興味を持ち試してみたくなる」「行動：CMを見終わってしばらくすると店にその商品を買いに出かける」である。3つ目は、レストランで周囲の多くの客がコースの最初にシーザーサラダを選んでいるという状況であり、選択肢は「内観：自分もシーザーサラダを頼むかを考える」「行動：シーザーサラダを頼む」であった。実験の結果、3種類のシナリオすべてにおいて、自分については内観、他者については行動が選ばれる割合が高かった。図3－3は、3つのシナリオにおける選択率の平均値を取ったものである。

第三者効果が加速する社会的分断

自身への影響力と他者への影響力にどの程度の差を見出すか、つまりは第三者効果の大きさについては、かなりの個人差が存在することが知られているが、差を拡大する要因として重要だと考えられるのは、対象となっている領域についての関心や知識といった、対象への関与の度合いである。デヴィソンが出会ったジャーナリストの「新聞社説は自分たちのような人間に影響を与えることは少ないが、一般の読者たちには大きな影響を与える」という発言はまさにこの典型であるが、自身が関心を持っており、詳しいと思っている場合ほど、自分は影響を受けずに他者は影響を受けると思うのである。

第三者効果は、メディアから自分自身あるいは他者が説得を受ける状況と考えると整理しやすくなる。説得の二過程モデルと呼ばれる研究群においては、知識や関心、動機づけなどが高い場合に行われる情報処理と、それらが低い場合に行われる情報処理という2つの異なるプロセスが想定される。

説得の二過程モデルの代表は、心理学者のペティと社会神経科学者カシオッポによる精緻化見込みモデル（ELM：Elaboration Likelihood Model）および社会心理学者のチェイキンによるヒューリスティック・システマティック・モデル（HSM：Heuristic-Systematic Model）である。

ELMにおける説得過程は、メッセージの受け手に内容を吟味しようとする動機づけが高く、またそれをするだけの認知的能力がある場合（中心ルート）と、それらに欠ける場合（周辺ルート）の2つに分けられる。中心ルートにおいてはメッセージ内容自体の精緻な検討によって受け手の態度が変容するのに対して、周辺ルートでは、有名人や専門家の肩書がある人の発言であったなどのメッセージ内容以外の周辺的な手がかりによって態度変容が行われる。たとえば、パソコンに詳しい人であれば、カタログに示されているマシンのスペックを比較検討したうえで購入が決定されるのに対して、詳しくない人は自分の好きなタレントがCMに出演していたことが決め手になるといった違いである。

一方、HSMにおいては、基本的にヒトという生物は意思決定の際になるべく考慮する情報を少なくしようとする認知的倹約家であるという前提に立ち、納得できそうな手がかりを見つければ、それを利用した簡便な情報処理が行われると仮定する。これを「ヒューリスティック（経験や先入観による直観的判断にもとづく）処理」と呼ぶ。そのうえで、ヒューリスティック処理だけでは判断に確信が持てない場合や、情報を吟味するだけの余裕がある状況においては、システマティック処理と呼ばれるもうひとつの情報処理が行われるとする。たとえば、普段の選挙ではお世話になっている地元の名士の言う通りに投票先を決定するヒューリスティック処理を行っていたが、あるとき、薦められた候補者が信用できないと感じ、他の候補と選挙公約を比較して投票先を決めるシステマティック処理を行ったといった例が挙げられる。

ＥＬＭとＨＳＭには、主に意思決定に用いる情報（メッセージ内容、あるいは周辺的手がかり）に注目するのか、人間の意思決定過程に注目するのかという違いはあるものの、動機づけや資源がある場合に行われる「精緻な情報処理にもとづく説得」と、それらに欠ける場合に行われる「簡便な情報処理にもとづく説得」という2つの過程が想定されている点は共通している。

ここで第三者効果の話に戻ると、自身が関心・知識を持つ場合には、中心ルートにもとづく説得あるいはシステマティック処理として表現されるような、メッセージを吟味した精緻な情報処理を行うと想定していると考えられる。このような状況においては、自分はマスメディアの情報に簡単には影響されないと考えるだろう。一方で、一般的な他者は自分ほどには知識や関心を持っておらず、周辺的な手がかりや簡便な情報処理にもとづいて意思決定を行っていると断定するならば、マスメディアに簡単に流されてしまうと考えるだろう。これが、関心や知識を持つ場合に第三者効果が強まるという研究結果について、想定できる過程である。

しかし実際には、知識や関心があっても必ずしも精緻な情報処理を行うわけではなく、知識があるという認識自体が間違っている場合も考えられる。また、当然ながら、他者も自分と同程度に知識や関心を持っており、精緻な情報処理を行っているため、簡単にはマスメディアに影響されないということもありうるのである。

自己高揚傾向にせよ内観の幻想にせよ、人間の脳が備えている基本的な特徴だとしたら、しかもそれらの仕組みを持つことが、少なくともある時点においては人類の生存にとって有利だからこそ身についたものであるならば、覆すことは容易ではない。また、自らがその領域について詳しくなればなるほど、他者は自分ほどには詳しくないのだから、マスメディアに影響されると考えることも、無理からぬことともいえる。しかしだからといって、看過しても構わないものではない。

自身はマスメディア（や周囲の人間など）に影響されないが、他者は影響されると考えることとは、とくに意見の食い違いが見られる場合に問題となる。自身の意見は熟考にもとづく正しいものだが、他者の意見はマスメディアに騙されて形成されたものであり、取るに足らないと考えてしまうならば、異なる意見を持つ者同士の対話は不可能となってしまう。これは社会の分断を招く一因となりかねない。ましてや、第三者効果が検閲への支持という形を取り、多様な意見が表明される前に封殺されてしまう事態につながるならば、民主主義は深刻な危機に陥ることとなる。

また、自己と他者への影響力に差を見出すという現象は、マスメディアに限定されるものではないことが明らかにされている以上、マスメディアではなくインターネット、あるいはSNSなどのインターネット上のサービスの影響力を第三者効果の視点から検討していくことも重要と言える。実際、メディア・コミュニケーション研究者のツェイ＝ヴォーゲルは、フェイスブックについても第三者効果の存在を指摘しており、自己と他者への影響力の認識に差が見られること、さらにフェイスブックの影響をネガティブだと認識している場合にこの差が大きいことを示している。自分自身の意見は熟考にもとづく冷静なものだが、他者の意見はSNS上のフェイクニュースに踊らされたものにすぎないといった認識が、社会の分断を加速させていく危険性は十分に考えられる。

2　「マスメディアは偏向している」

サブラ・シャティーラの虐殺と敵対的メディア認知の発見

第三者効果はマスメディアの影響力に関する人々のバイアスであったが、人々のマスメディアへのバイアスはその影響力だけに限られるものではない。

「マスメディアによる偏向報道」という言葉はよく使われるが、実はマスメディアが偏向しているか中立であるかという点についても、人々の見方が歪んでいることを示す研究が存在する。

心理学者のヴァローネ、ロス、レパーの3名は、1985年に「敵対的メディア認知」と呼ばれる現象を明らかにした論文を発表した。これは、党派性を持つ人々が、報道は自らの党派に敵対する形で偏向していると認識するというものである。彼らは、1982年のイスラエルによるレバノン侵攻時に起こったサブラ・シャティーラの虐殺（ベイルート虐殺）をあつかった同一のニュースを取り上げ、親アラブ派・親イスラエル派視

サブラ・シャティーラの虐殺（写真：Michel Philippot/gettyimages）

聴者による報道への異なる見方を示している。

なお、サブラ・シャティーラの虐殺の概要は次のようなものである。1982年6月イスラエルはレバノンを拠点とするパレスチナ解放機構（PLO）の排除を目指して隣国レバノンに侵攻し、首都ベイルートを包囲した。この最中の9月に、PLOと対立するキリスト教右派政党ファランヘ党の指導者であり、前月にレバノン大統領に当選したばかりのバシール・ジェマイエルが党員とともに暗殺された。ファランヘ党の民兵は、この暗殺がパレスチナ人によるものだという証拠がないにもかかわらず、報復として9月16日から2日間、サブラとシャティーラという2つの難民キャンプでパレスチナ難民の虐殺を実行した。2つの難民キャンプを監視していたイスラエル軍は、それを止めようとしなかったばかりか、空に照明弾を発射することで、ファランヘ党のために暗闇を照らしたとも言われている。イスラエルのシャロン国防相は「イスラエル軍の手は汚れていない」として、イスラエルによる虐殺への関与を否定したが、国際社会およびイスラエル国内からも非難を浴びて辞職に追い込まれ、当時の政権も倒れることとなった。

ヴァローネらは、9月15日から10日間のアメリカの全国ネットワークニュースを集め、36分間に編集した動画を作成し、これを144名のスタンフォード大学の学生に視聴させる研究を行った。学生のうち68名は親イスラエル派、27名は親アラブ派、49名は中立派だと自分のことを認識していた。

ファランヘ党が実行したサブラ・シャティーラの虐殺にイスラエルがどこまで関与していたのかについては、現在でも議論が分かれる点がある。まして、事件当時は正確な情報が少なく、より判断が難しかったと考えられる。このような状況においては、報道に対して多様な読み方がうながされるのは当然である。この研究でも、親イスラエル派と親アラブ派で、虐殺事件におけるイスラエルの責任についての見解は割れている。親アラブ派でイスラエルに虐殺事件の責任があるとした者は57％であったが、親イスラエル派で責任があるとした者は22％しかいなかった。

そして問題はここからである。表3－1に示したのは、ヴァローネらの実験における親イスラエル派、中立派、親アラブ派の3者における報道への認識である。

この結果からは、まったく同じ動画を視聴したにもかかわらず、親イスラエル派は「反イスラエルに偏向」、親アラブ派は「親イスラエルに偏向」と評価するなど、いずれの項目においても両者の認識に差異があることがわかる。また、「ニュースを見た後にイスラエルにネガティブな印象を持つと考えられる中立的な視聴者の割合の見積もり」という項目は、第三者効果の程度が党派によって異なるということを示している。親アラブ派であっても37％は報道の影響力を認識しているが、親イスラエル派ではこれが68％まで増加する。なお、著者ら自身も指摘しているように、中立群における認知が親イスラエル派に近いのは、メディアが反イスラエル的な偏向報道を行っていたというより、アメリカにおける世論が比較的イスラエル寄りであ

項目	親イスラエル派	中立派	親アラブ派
全体的なイスラエルの扱い（1＝反イスラエルに偏向～ 9＝親イスラエルに偏向）	2.9	3.8	6.7
他国と比較した際のイスラエルに課されている基準（1＝高い～7＝低い）	2.1	3.0	5.0
イスラエルへの注目（1＝注目しすぎ～9＝注目が足りない）	2.9	3.9	5.9
〈イスラエルに肯定的な事例の強さ〉－〈イスラエルに否定的な事例の強さ〉（いずれも９段階）	－3.6	－2.3	7.9
イスラエルに好意的なコメントと否定的なコメントの比率（親イスラエル対反イスラエル）	16 対 57	19 対 54	42 対 26
イスラエルにネガティブな印象を持つと考えられる中立的な視聴者の割合	68%	65%	37%
編集者の個人的な意見の知覚（1＝反イスラエル～9＝親イスラエル）	3.8	4.2	6.9

表 3 - 1　報道のバイアスについての認識の平均値（実験参加者の党派別）（Vallone, Ross & Lepper, 1985. p.581）

り、自らを「中立」と認識する人も親アラブ派よりは親イスラエル派に近い視点を持っていたと考えるのが妥当であろう。

なぜメディアが偏向していると思うのか

人々がマスメディアを自身の立場とは逆に偏向していると捉える敵対的メディア認知は、どのような仕組みにもとづいているのであろうか。これについて３つの分類から説明を行ったのが、心理学者のジナー＝ソロラとチェイケンによる論文である。

１つ目の説明は、見ている情報自体は同じだが、解釈の際に適用している基準が異なるというものである。党派性を持つ者は自身の立場を支持する情報は正確であると考え、自身の立場に沿わない情報は不正確な劣ったものだとみなす。したがって、仮に両者が同じ量だけ取り上げられていたとしても、「自身の立場に反する不正確な情報をたれ流すメディア」は、偏向したメディアとみなされるということである。

２つ目は、社会的判断理論を援用した「選択的カテゴリー化」による説明である。社会的判断理論においては、人々が説得メッセージを受け取った際には、メッセージと自分の意見との位置関係によって説得されやすさが決まるとされる。そして、位置関係が近い順に受容範囲、非関与範囲、拒否範囲というカテゴリーが存在すると想定されている。同じ情報であっても、どのカテゴリーに入れられるかが党派性によって異なっており、これが敵対的メディア認知の原因とされる。党派性を持つ人々は自身の立場を支持する情報のみが受容範囲に収まっており、党派性を持たない人々から見れば中立的な内容ですら拒否範囲に入ってしまうため、中立的な報道を自らの立場に敵対的なものとみなすということである。

３つ目は、選択的記憶である。仮に異なる立場に沿う情報内容にまんべんなく接触したとしても、党派性を持つ者は自身の立場に沿わない情報を優先的に記憶しており、報道について評価する際にはそれらの情報を想起するため、報道が偏向しているとみなすという説明である。

上記３つのうち、実験において再現されることが少なく、もっとも実証的根拠が弱いのは選択的記憶による説明だろう。加えて、メディア効果論の観点からも疑問が残る。というのも、前章で述べたように、選択的記憶は先有態度に沿う情報を優先的に記憶するという概念であった。人間がこのような仕組みを持つことは、認知的不協和を解消するという観点からも、あるいは自らの立場を補強して正しさを確認することで自尊心を維持するという観点からも、都合が良い。したがって、人間がそれとは逆に、自身の党派に非好意的な情報をわざわざ優先的に記憶するメカニズムを、一般的に持っているとは考えがたい。それに対して、解釈の際の異なる基準の適用、ならびに選択的カテゴリー化という、１つ目と２つ目の説明について支持する研究は多い。

これらをまとめると、党派性を持つ人々がニュースを見た際、注目する点や記憶する内容自体に大きな差はないが、それらをどう位置づけるかという点において違いが見られるため、敵対的メディア認知が生じている可能性が高いということである。

なお、敵対的メディア認知は、遺伝子組み換え食品問題や地球温暖化問題、選挙キャンペーンなど、他にもさまざまな争点をあつかった研究において確認されている。ただし、第三者効果のようにほぼ常に再現される現象だというわけではない。ヴァローネらが、サブラ・シャティーラの虐殺を対象とした研究を行う前に1980年の大統領選を題材として行った予備調査においても、レーガン／カーターそれぞれの支持者のうち、報道が対立候補を応援する形に歪んでいると回答した人々は少数であった。先述のジナー＝ソロラらの研究においても、中東問題では見られた敵対的メディア認知が、人工妊娠中絶問題ではほとんど見られなかった。これは、党派性の強さ、もともと持つ意見の極端さ、争点に対する知識など、さまざまな条件によって、敵対的メディア認知という現象の有無が決まるということを意味している。研究が行われた時期の政治情勢やメディア環境など、他にも影響する要因が多すぎるため、完全な特定は困難だと考えられるが、今日でも敵対的メディア認知が生じる条件を明らかにする研究は継続されている。

敵対的メディア認知が生じる条件

敵対的メディア認知が生じる条件に関連して、もうひとつ紹介しておきたいのが、メディア・コミュニケーション研究者のガンサーとシュミットが行った実験である。彼らは、遺伝子組み換え食品問題を取り上げ、遺伝子組み換えによらない農業を進める企業の株主総会の参加者、農学生物工学会の参加者のそれぞれに対して、「参加者1名につき、彼らが支持する組織に5ドルの寄付を行う」という条件で募集をかけ、遺伝子組み換え食品への否定派・肯定派のそれぞれを集めた。そして、実験参加者をランダムに2群に分け、一方には新聞記事、もう一方には学生が書いた小論文として、文章を読ませた。しかし、実際には両群が読んだ文章はほぼ同じ内容であり、遺伝子組み換え食品についての肯定・否定両方の意見を含むものであった。この文章は、中立派には偏りのない文章として読まれることが確認されている。

両者の些細な違いとして、「学生の書いた文章」にはタイプミスを紛れ込ませてあり、経営コンサルティング企業への就職のために提出した小論文であることが明記されていた。これらは文章がプロの記者ではなく、学生によって書かれたというリアリティを高めるためのものであった。これらの文章が、遺伝子組み換え食品に肯定・否定どちらに寄っているかという認識を尋ねたところ、両者には明確な差が見られた。新聞記事として読ませた場合には、肯定派は記事が否定的、否定派は記事が肯定的な側に偏向しているという敵対的メディア認知が再現された。しかし、学生の小論文として読ませた場合にはこれとは逆に、肯定派・否定派ともに、自身の立場と同じ方向に寄った記事であると回答したのである。

敵対的メディア認知の文脈から言えば、学生の小論文に対する反応は意外に見える。だが、他者の意見を実際よりも自らの意見に近いと錯覚することは、自身の意見の正しさを確認し、自尊心を維持することにつながるため、むしろそちらのほうが自然な反応ともいえる。このような違いが見られるのは、新聞記事が広範な他者に影響を与えうるのに対して、学生の小論文はそうではないとみなされるからであろう。つまり、敵対的メディア認知は、メディアの権威的な影響力を認識することが条件となっており、（他者・メディアなどを問わない）自己と他者への影響力の差という一般的な現象としてある程度説明できた第三者効果とは異なり、メディア特有の現象だと考えられるのである。

3　マスメディアに「偏向」のメリットはあるか

法律によるマスメディア規制

敵対的メディア認知は、仮にマスメディアが偏向しておらずとも、人々がそこに偏向を見出す可能性を指摘したものである。だが、そもそもマスメディアはどの程度偏向しているのだろうか。個々の番組や記事について判断することはできるだろうが、テレビ局や新聞社全体の偏向について判断することは難しく、ましてや総体としてのマスメディアがどの程度偏向しているかを明らかにすることは、おそらく不可能である。しかし、少なくとも日本のマスメディア事業者が発信する政治的ニュースについては、特定の方向への偏向は比較的起こりにくいと考えられる。

第一に、日本においては放送法という法律が制定されており、電波という希少な資源を利用するテレビ・ラジオについては、政治的に公平であることが求められている。これは1987年に公平性の原則（フェアネス・ドクトリン）を廃止したアメリカのような国とは状況が大きく異なっている。報道の公平性に該当する箇所は放送法第4条第1項第1号〜第4号であり、条文は以下の通りである。

一　公安及び善良な風俗を害しないこと。
二　政治的に公平であること。
三　報道は事実をまげないですること。
四　意見が対立している問題については、できるだけ多くの角度から論点を明らかにすること。

このような法律があるため、報道が明らかに偏向していると判断された場合には、免許停止もありうる。実際、1993年にテレビ朝日の取締役報道局長が日本民間放送連盟の会合で「反自民の連立政権を成立させる手助けになる報道をしようと話をした」などと発言した際には、免許停止の可能性が議論され、局長の解任、さらには国会での証人喚問へとつながった。放送免許が停止されるということは、事業の廃止を余儀なくされるということである。日本のテレビ局が明確な偏向報道を行うには、そのような大きなリスクを負う必要がある。

このように、「マスメディアの偏向報道」を語る際には、法で定められる公平性の原則について考慮する必要がある。ただし、放送法の規定は、「電波という希少な資源を利用」して情報の発信を行うケースを想定しており、とくに政治という公共性の高い事柄についての公平を求めているということに注意が必要である。つまり、希少な資源を利用することなく、理論上は誰でも発信できる新聞やウェブ記事については放送法の対象外であり、特定の政治勢力に与《くみ》するような情報を発信したとしても、法律上咎められることはない。

マスメディアの戦略的中立性

とはいえ、法律上の規制がなければ、マスメディアが政治的に偏向した報道を行うかといえば、そうとも限らない。日本の民放テレビ局や新聞社が営利企業である以上、多くの視聴者・読者を獲得しなければ、事業を存続させることができない。ＮＨＫに限っては営利企業ではないが、受信料徴収の正当性を維持するために視聴率を気にする状況にある。このような状況下でマスメディア事業者は、もっとも「顧客」の多い場所をターゲットとして報道を行うことになる。

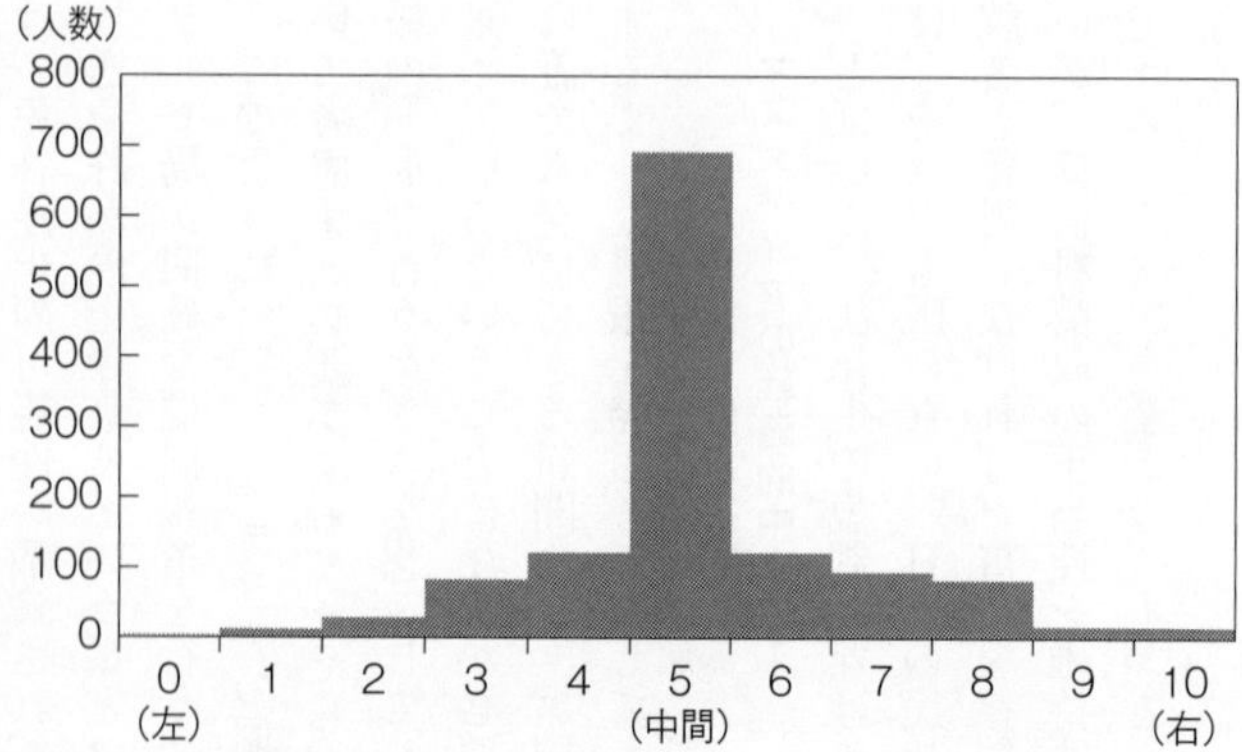

図3-4　2016年参院選における有権者のイデオロギー分布

それでは日本において「顧客」の多い場所とは、どのような政治的立場を意味するのだろうか。個別の政策や政党の勢力図を問わずに利用される軸として、保守—革新、あるいは右—左というイデオロギーが存在する。社会調査では、0＝革新（左）から10＝保守（右）までの11段階で、自分がどの場所に位置するかの回答を求めることが一般的である。図3－4は、2016年の参議院議員選挙時に、政治学者の谷口将紀らが朝日新聞社と共同で実施した朝日・東大谷口研究室共同調査における回答をまとめたものだ。この調査では、中間の5に回答が多く集まっている。

もっとも、このような質問型の単項目測定で、人々が自身の政治的な立場をきちんと位置づけられているのかについても検討しなければならない。具体的には、人々が保守—革新あるいは右—左といった語が表す意味を正確に理解できているのか、仮に理解できているとして、現代でもその軸が本当に有効なのか、あるいは質問内容とは無関係に真ん中の選択肢に回答しやすいという、日本人に多いとされる傾向の影響はないのかといった点を考慮したうえで、測定法について考える必要がある。

前述の単項目による測定以外の政治的立場の測定法としては、複数の政策争点に対する回答を測定し、それらへの回答をまとめて、人々の政治的立場を表す軸を取り出す方法が挙げられる。具体的には、「日本の防衛力はもっと強化すべきだ」「お金のかからない小さな政府のほうが望ましい」「日本が過去にアジアの人々に与えた被害に対する反省と謝罪がまだ足りない」といった文章に対して、「1＝反対」「2＝どちらかといえば反対」「3＝どちらともいえない」「4＝どちらかといえば賛成」「5＝賛成」の5段階で回答を求める。そのうえで、それらの項目への回答に対して、因子分析や項目反応理論といった分析手法を適用することで、回答の背後にある軸を取り出すのである。

日本におけるこのような研究の代表例として、政治学者の蒲島郁夫と竹中佳彦によるものが挙げられる。彼らは、1970年代から2000年代までの社会調査データの分析を通じて、有権者の政治争点に対する意見の背後に、イデオロギーとみなすことのできる軸が存在することと、その中心は、安全保障政策および戦前の日本の政治体制への賛否にあるということを明らかにした。すなわち、戦前の政治体制を必ずしも悪いものとは捉えず、現代の日本において防衛力の拡大も必要だと考える保守（右）と、戦前の政治体制が誤りであったという前提に立ち、戦争への反省から防衛力は最小限にとどめようとする革新（左）の対立が、日本の政治対立の中心にあるという結論である。

著者が社会心理学者の清水裕士とともに行った調査では、安全保障と戦前の政治体制に関わる質問項目を用いて、中間の「3＝どちらともいえない」を選びやすい中点バイアス、「1＝賛成」「5＝反対」といった極端な回答を行いやすい極値バイアス、「1＝賛成」「2＝どちらかといえば賛成」を選びやすい質問文への黙従バイアスという、質問内容とは無関係な3つの回答傾向を統計的に補正し、なおも人々の政治的立場が中心に集まっていることを明らかにした。たとえば、心理学の尺度を用いて外向性・協調性といった人々の性格を測定し、その数値を図示すると「正規分布」と呼ばれる左右対称の山型の分布になることが知られているが、それよりもさらに中心に回答が集まった分布となっていたのである。

このように、日本では右でも左でもなく中間に有権者がたくさんいると考えられる。このことを前提とすると、マスメディアにとって極端に右あるいは左に寄った報道を行うということは、潜在的な視聴者や読者を減らす自殺行為になりうる。視聴者や読者を獲得するためには、少なくとも、人々からある程度中立的だとみなされるようにふるまう必要がある。

時として、「マスメディアは経済的な利益ばかり求めている」という批判と「マスメディアによる報道は偏向している」という批判が同時になされることがある。しかし、少なくとも政治報道についていえば、これは両立しがたい。マスメディアが経済的利益を求めるなら、政治的に偏向するのではなく、中立的になるはずである。社会心理学者の池田謙一は、このように経済的利益の追求ゆえにマスメディア事業者が中立的にふるまわざるをえないという現象について、「戦略的（儀礼としての）中立性」と名づけている。

ただし、戦略的中立性は、潜在的な視聴者・読者の政治的立場が中間に集まっていることを前提としている点に注意が必要だということは、述べておかねばならない。たとえば、国民のほとんどが賛成している法案や、熱狂的な支持を集めている政権に対する批判については、戦略的中立性という観点からは保証されない。また、あくまで国内に向けた発信が想定されている報道については、日本国内で意見が一致してさえいれば、国際的に見て偏った内容になる危険性も十分にある。このように、マスメディアの中立性がいかなる条件において成り立ち、いかなる条件においては成り立たないのかを考えるうえで、「顧客」に注目した戦略的中立性の議論は重要であると考えられる。

メディア多元主義モデル

また、蒲島郁夫は、放送法や戦略的中立性とはまったく異なるアプローチで、マスメディアの中立性に関わる研究を行っている。蒲島は、1980年代に政治学者の三宅一郎、社会学者の綿貫譲治らとともに、財界、労働組合、農業団体、市民運動団体、女性運動団体、部落解放同盟、そしてマスメディアといった団体のリーダーたちを対象とした調査を行った。その結果、財界リーダーの4分の3は自民党支持、労働組合リーダーの過半数は社会党、3割以上は民社党支持といった形で、他の団体のリーダーの政党支持は明確であったのに対して、マスメディアリーダーは過半数が政党支持なしであり、残りの支持もバラバラであった。また、各団体のリーダーたちと、閣僚、野党支持者、各省局長、全国紙記者との人的つながりについて尋ねると、全国紙記者は財界、労働組合、農業団体、市民運動団体といった多様な団体のリーダーとつながっていた。

このような調査結果から、蒲島は「メディア多元主義」と呼ばれるモデルを提示した。政党は社会的・経済的亀裂によって生じた社会集団のいずれかの利益を代表するものであり、たとえば自民党は財界や農業団体などの利益を代表している。また、官僚は特定の集団の利益ではなく、多様な社会集団の利益を包括しようとするが、実際にはその対象は規模の大きい既成の利益集団に限定されがちである。マスメディアへの情報の供給源として官庁や与党は重要な存在であり、マスメディアはこれらの組織によって取り込まれやすい立場にある。

一方で、市民運動や女性運動といった伝統的な権力の外にある集団の活動は、マスメディアによって取り上げられることで政治システムに対して影響を与えることが可能となる。そして実際、マスメディアはこれらの集団とも結びつきを持っている。また、人々にとって興味深いと想定されるニュース、場合によってはスキャンダルなども追うマスメディアの特徴は、時として既存の権力者にとって不利に働きうる。したがって、マスメディアは、既存の権力集団と伝統的な権力の外にある新興集団のいずれかに寄ることはなく、どちらからもアクセスを受けていることで、さまざまな社会集団がある程度の影響力を持ち合う政治システムの多元化に貢献しているという。

もちろん、前記の議論は、マスメディアが常に不偏不党だということを示しているわけではない。状況によって、あるいは媒体によって、特定の偏りが見られる場合もあるだろう。たとえば、政治学者の劉凌《りゅうりょう》は、2010年参院選報道の内容分析を行うことで、民放のニュース番組においては、当時政権に就いていた民主党に対して批判的な内容が多かったことを示している。一方で、政治学者のクラウスは、NHKによる報道が他国における報道とくらべて、官僚機構や政府に焦点をあてるという特徴を持つことを明らかにしている。

また、前に述べた1980年代の調査の「令和版」として、政治学者の竹中佳彦、山本英弘、濱本真輔が2018年から2019年にかけて行った各分野のリーダーを対象とする調査においても、総体として見ると、マスメディアのリーダーたちは中間的なイデオロギー的立場を持っていた。しかし、与党、官僚、経済団体からマスメディアへの影響力が残存する一方で、野党、労働組合、市民団体からの影響力は低下していた。これは野党、労働組合、市民団体自体の力が弱まっていることを表しているといえるだろう。同時に、マスメディアが既存の体制とは異なる考え方を社会に伝え、政治過程に反映させる機能が弱体化していることも示されている。

マスメディアへのバイアスを意識すべき理由

特定の状況や側面に注目すれば、マスメディアが偏っているという証拠を挙げることは可能である。人が取材し、人が編集を行う以上は、まったく偏りのないマスメディアなどというものは想定できない。しかし、総体としてのマスメディアが一貫したバイアスを持つとは言いがたく、「マスメディアが偏向している」と安易に断言する前に、そのような自らの認識にバイアスがないかという点を振り返る必要があるだろう。（とくに自身と意見が異なる）他者が偏向したマスメディアに騙されていると考えることは、異なる意見を持つ者同士の対話を阻害し、社会に不寛容を蔓延させる危険性がある。

なお、敵対的メディア認知はマスメディアがある程度中立であることを前提とした議論である。だが、この研究が始まった１９８０年代とは異なり、いまではウェブやケーブルテレビなどで発信される特定の立場の人々を対象とした「ニッチニュース」が増加している。企業が最大多数の顧客を獲得することを目指して競争を行うのではなく、大手資本が手を出していない隙間の市場を狙うことを「ニッチ戦略」と呼ぶが、報道の世界においても、新たに放送に進出した企業が、既存の中立的なニュースでは満足しない、特定の政治的立場を持つ人々のみを対象としたニッチ戦略を取ることも考えられる。放送免許を持つ少数の局のみが地上波で報道を行っている状況においては、このような戦略は取られにくいが、ケーブルテレビやインターネットの普及とともに、ニッチ戦略にもとづく参入も容易となった。

このようなメディア環境において何が起こっているのかについては、第5章で詳しく述べる。その前に、ガンサーらが「相対敵対的メディア認知」と呼んだ現象について、一言述べておく必要があるだろう。これは、中立的なニュースではなく、明らかに偏向しているニュースを視聴した際にも、それを見る人々の立場によって、偏向の認識が異なるということである。明らかに偏った報道であっても、自身の立場に沿っていれば偏りを小さく見積もり、自身の立場に沿わなければ偏りを大きく見積もるという形でバイアスが生じる。

つまり、実際に偏向したメディアが増加する時代においても、「メディアへのバイアス」の認識は重要な意味を持つということである。人々が、ある程度中立的な報道を行う伝統的なマスメディアを偏向と批判し、自らの政治的立場に近いメディアを偏向していないとみなすのであれば、発信される情報もそれを受け取る人々の意見も極化し、意見が異なる者同士の対話は不可能になるのだ。

第4章 「現実認識」を作り出すマスメディア

――「新しい強力効果論」の出現

強力効果論や限定効果論はマスメディアの効果の大きさに関わる研究であり、第三者効果や敵対的メディア認知も、マスメディアの効果に関わる人々のバイアスをあつかった研究であると述べてきた。ここで想定されている「効果」とは、マスメディアから発せられたメッセージが人々の態度を変容させるというものである。このような、メッセージによる働きかけによって受け手の態度が変容するという現象は、社会心理学では「説得」と呼び表される。つまり、これまでの章で紹介してきた研究は、マスメディアの説得効果をあつかってきたものだと言える。

しかし、マスメディアの目的は果たして人々の説得を主としたものなのだろうか。確かに、説得という目的にマスメディアを利用できることは間違いない。たとえば広告はまさに説得のために存在しており、商品やサービス、それらを提供する企業への人々の態度を肯定的に変容させ、購買行動をうながすことを目的としている。また、政党の広告は自党への態度を肯定的に変容させる、あるいは他党への態度を否定的に変容させることで、自党への投票をうながすものである。このように、広告は特定の立場にもとづいているのが当然であり、広告主である企業や政党などにとって都合の良いメッセージばかりが含まれているとしても、「この広告は偏向している」といった批判は的外れである。

実際に「マスコミが応援して○○党を勝たせた」といった批判の対象となるのは、多くの場合、広告ではなく報道である。前述の通り、電波資源を利用するテレビやラジオについては放送法第4条第1項第2号において「政治的に公平であること」が定められている。明確に人々を特定の方向に説得する意図を持ったテレビ・ラジオニュースは、放送法違反となる。また、放送法の規制が及ばない新聞においても、明確に説得が想定されうる社説はともかくとして、その他の記事は、特定の方向への説得を主目的とするならば、読者の獲得が難しくなることは前章で述べた通りである。すなわち、報道の主目的が説得であるとは考えがたい。

実際に報道の目的とされるのは、情報伝達である。報道の目的が情報伝達であるという前提は、報道の送り手であるジャーナリストはもちろん、受け手である読者や視聴者にも共有されていると考えられる。この前提にもとづく期待があるからこそ、報道の送り手に情報伝達ではなく説得の意図があると感じ取られたとき、「マスメディアの偏向」という批判が生まれるのであろう。

すべての報道の送り手が説得を意図していないと証明することは不可能だが、本書もまた、報道は説得ではなく情報伝達を目的としたものだという前提に立ちたい。なぜなら、送り手が説得を意図せずとも生じる伝達内容の偏りと、それがもたらす効果こそがマスメディアの真の影響力なのだという、１９７０年代以降に登場した「新しい強力効果論」と呼ばれる一連の研究が存在するからである。

すでに述べた通り、新しい強力効果論においては、マスメディアは説得ではなく、情報の伝達を行う存在として想定される。それを前提として、マスメディアが伝達する情報を元に人々が認識する世界と、実際の世界とのずれを問題にする。マスメディアが世界で起こる出来事を「すべて」「そのまま」伝えることは物理的に不可能であるため、何らかのずれが存在することは必然であり、このずれが人々にもたらす効果を検討対象にするのである。

クラッパーの著作によってまとめられた限定効果論とは異なり、新しい強力効果論の定義や境界は研究者ごとにまちまちであり、内容も多岐にわたるため、ともすれば「(限定効果論の想定とくらべると）マスメディアが強力な効果を持つことを示した１９７０年代以降の雑多な研究群」として理解されてしまいがちである。それを避けるため、まずはマスメディアへの接触期間や、研究手法にもとづいて新しい強力効果論を整理した図４－１をご覧いただきたい。

新しい強力効果論の端緒となった「議題設定（agenda-setting)」は、マスメディアにおける

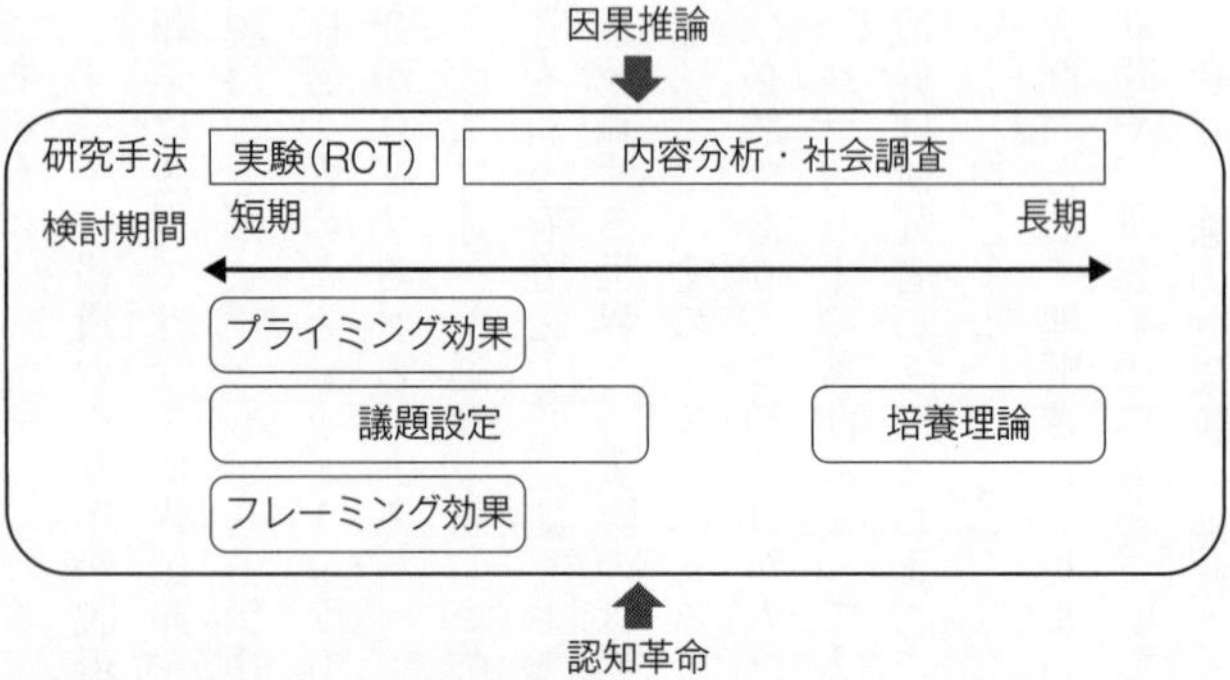

図4-1　新しい強力効果論の整理

争点（トピック）の報道量が、争点の重要性に対する人々の認識に影響を与える過程をあつかっている。この研究では、当初数週間から数か月程度の期間における報道の影響が想定されていた。また、報道を対象とした内容分析によって測定された「報道量」と、一般の人々を対象とした社会調査によって測定された「争点の重要性の認識」の関連が分析対象となっている。

しかし、争点報道量と争点の重要性の認識に相関関係があるとしても、争点に対する報道＝「原因」が人々の争点に対する重要性の認識＝「結果」に影響を与える、すなわち因果関係を意味するとは限らない。因果関係の検証という点においてもっとも優れた研究手法は、「実験」あるいは「ランダム化比較試験（RCT：Randomized Controlled Trial）」と呼ばれるものである。実験の利点については後述するが、実験を用いた議題設定についての再検証が行われるとともに、「プライミング効果（priming effect）」「フレーミング効果（framing effect）」

といった新たなメディア接触効果の存在が実験によって示された。

一方で、実験においては、実際に人々を動画や記事などに接触させ、その効果を測定するという性格上、多くの場合は一度限りの接触の効果をあつかっており、長期的、累積的にメディアに接触し続けることの影響を検証することが難しいという欠点も存在する。この欠点をふまえたうえで、数年から数十年といった長期にわたってテレビに接触し続けることによる人々の価値観の変化をあつかったのが、培養理論の研究である。

新しい強力効果論の特徴を捉えるうえでは、因果推論と認知革命という、学問分野を横断した大きな潮流が個々の研究の背後にあることを知っておく必要がある。因果推論とは、調査や実験などで得られたデータを統計的に分析することにより、因果関係の推定を行うものである。因果関係がアカデミアで重視された結果として、その検証に優れた実験という手法に注目が集まることになった。そして逆説的に、実験研究が増えたからこそ、実験では検証できないマスメディアの長期的な影響をあつかう培養理論が大きな意味を持つことにもつながったのである。なお、因果推論の観点から言えば、培養理論は方法論上の問題が大きい研究であるが、メディア接触の長期的影響を検証する視点自体は重要であり、今後のメディア・コミュニケーション研究のひとつの方向性として、非実験的因果推論手法にもとづくメディア接触の長期的効果の検証を続けることが必要だと考える。

一方、認知革命とは、直接的に観察可能な行動ではなく、心の中で生じる過程、すなわち人間が外界から受け取った情報を処理する過程を明らかにしようという試みである。この潮流を反映しているがゆえに、新しい強力効果論においては、マスメディアへの接触が（直接的に観察可能な投票行動などだけでなく）人々の目に見えない認知過程にもたらす影響が想定されている。

1 マスメディアは「何について考えるか」を決めさせる

情報をいかに取捨選択するか

前述の通り、新しい強力効果論の境界は研究者ごとに異なっており、どの研究を含むかの合意が完全に取れているとは言いがたい。たとえばプライミングやフレーミングを新しい強力効果論に含まない教科書も存在する一方で、メディアではなく他者や集団に主眼を置く研究であるがゆえに本書ではあつかわない「沈黙の螺旋理論」が含まれる教科書も存在する。しかし、議題設定理論を新しい強力効果論に含まない教科書はおそらく存在しない。それは、新しい強力効果論が、議題設定の研究からはじまったという経緯もさることながら、「マスメディアが選択し伝達する情報が、人々の現実認識に影響を及ぼす」という過程の典型例をあつかっているからである。それでは、議題設定理論の誕生から本章の議論をスタートしよう。

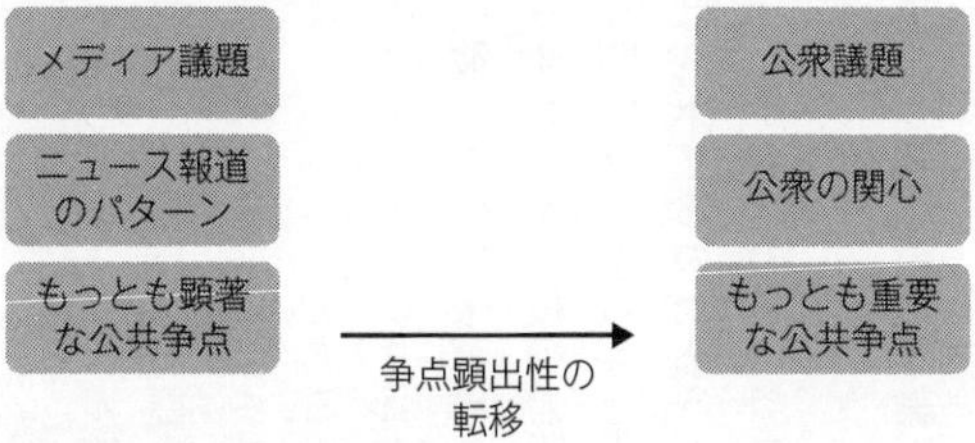

図4-2　議題設定効果のモデル図（McCombs, 2014. p.5 Box1.1）

議題設定理論の誕生

コミュニケーション研究者のマコームズとショーによって提示された議題設定とは、一言で説明すれば、マスメディアにおける争点の報道量が、人々の認識における争点の重要性（顕出性）に影響を与えるということである。つまりは、マスメディアが多く報道すればするほど、（実際にその争点が社会的に重要であろうとなかろうと）人々はその争点を重要だと認識するということである。この際に、マスメディアで多く報道される議題はメディア議題（media agenda）、人々が重要と考える議題は公衆議題（public agenda）と呼ばれており、マコームズは図4－2のようなモデルで表している。

マコームズ自身は、議題設定のアイデアが生まれたきっかけを以下のように述べている。彼は1967年前半のある日、ロサンゼルス・タイムズの1面を何気なく見ていた。その日の大きなニュースは、「イギリス議会選挙における保守党の予想外の勝利」という国際ニュース、「国政レベルのスキャンダル疑惑」という全国ニュース、「リンドン・ジョンソン大統領の「貧困との戦い」に関わる中心的助成事業のロサンゼルス都市地区担当ディレクターの解任」というローカルニュースの3つであった。これらはいずれもトップニュースとしてあつかわれておかしくないニュースであるが、ロサンゼルス・タイムズはローカルニュースを1面トップに据え、他の2本はそれより目立たない場所に掲載されていた。

彼はこの出来事について、金曜午後にホテルのロビーで開かれていた、カリフォルニア大学ロサンゼルス校の若手教員数名による研究会の場で、飲み物片手に議論をめぐらせた。中心的な問いは「あるニュースが大きなあつかいを受けなかった場合には、その出来事のインパクトは低下するのだろうか」というものであり、この議論が議題設定理論の萌芽となった。ただし、マコームズのアイデアや研究会での議論が、ゼロから生み出されたものだというわけではない。彼は、マスメディアの影響についてバラバラに提起されてきた多様なアイデアや実証研究の結果が、議題設定理論を生み出す元になったと述べている。

ゲートキーピング機能

先述の通り、議題設定理論を整理し、名づけたのはマコームズとショーである。ただし、類似したアイデアは以前から存在していた。コミュニケーション研究者のディアリングとロジャースは、議題設定につながる源流として、以下の3つの研究を紹介している。

1つは、社会学者のラザースフェルドとマートンが1948年に発表した論文において、マスメディアの機能の一種として取り上げた地位付与機能である。これは、マスメディアが特定の争点、人、組織に対して、それらが重要であるという「地位」を与えるというものである。この論文は、争点の重要性に対する人々の認識にマスメディアが影響をおよぼすことを指摘しており、議題設定理論の鍵となる概念のひとつである争点の重要性（顕出性）という観点を早くから提示していたと言える。

2つ目の源流として、議題設定とともに引用されることが多いのが、政治学者コーエンが1963年に発表した『報道と外交政策』における「ニュースは人々の考え（what the public think）に影響を与えることには失敗しているかもしれないが、人々が何について考えるか（what the public thinks about）に影響を与えることには驚くほど成功している」という言説である。具体例を挙げて説明すると、マスメディアは人々を憲法改正に対する賛成、反対といった特定の考えに導くことはできないが、（他の争点ではなく）憲法改正について考えさせることには成功しているということである。議題設定理論に代表される新しい強力効果論が、説得ではなく情報伝達に力点を置いていることを端的に示す言説である。

そして、議題設定理論のもっとも古い源流とされるのが、リップマンが1922年に発表した『世論』である。『世論』の冒頭には、以下のような架空のエピソードが描かれる。

大洋に浮かぶ孤島にイギリス人、フランス人、ドイツ人たちが仲良く暮らしていた。島には電信が通じておらず、2か月に1回訪れる郵便船が運ぶ新聞だけが外界の情報を知る手段であった。1914年の9月半ば、住民たちの話題は7月に届いた新聞で判決間近とされた殺人事件についてであり、船長に判決内容を聞こうと興味津々だった彼らは、6週間も前に第一次世界大戦が開戦し、島の人々が敵国民同士となっていたことを知ったのであった――。

リップマンは、前記の例は極端であるが、ヨーロッパ大陸に住む人々であっても開戦の事実を知るまでには、多かれ少なかれ時間がかかったことを指摘している。なぜ時間のずれが生じるかといえば、ほとんどの人にとって開戦の瞬間を直接的に経験することは不可能であり、マスメディアを通じて間接的に経験する他ないからである。新聞が報じるまで人々が開戦の事実を知らないのであれば、孤島に住む人々と大陸の人々の違いは、新聞の到達速度の違いにすぎない。

これは現代に生きるわれわれであっても、基本的に状況は変わらない。マスメディアではなくインターネットを通じて情報を知る場合が増えたとしても、人々が現実そのものを直接的に経験しているのではなく、メディアを通じて間接的に経験していることには変わりはない。2022年に、メディアを介さずにロシアがウクライナに侵攻したことを知った日本人が、どれだけいただろうか。さらには、戦争に限らず、自身と離れたところで生じる好景気や不景気、災害、スキャンダル、スポーツの試合結果まで、ほぼすべてのニュースについて、メディアを通じて間接的に知ることになる。2020年以降、世界中の人々を苦しめ、社会を大きく変容させている新型コロナウイルスの感染拡大についても、メディアがなければ、自分自身や周囲の人が感染するまで存在を知ることすらなかったであろう。このように、われわれが直接的に経験できる事象は限られており、世界に対する認識はメディアに大きく依存しているというリップマンの指摘は、決して看過できないものである。

ここで問題となるのは、「メディアが伝える現実は、現実そのものとは異なる」という不可避的な制約である。世界中で起こるすべての出来事をジャーナリストが取材することは不可能であり、また仮にできたとしても受け手がそのすべてに触れることはできない。映画『トゥルーマン・ショー』においては、主人公がテレビ局に24時間撮影され、リアリティ番組として世界中の人々から人生を視聴される姿が描かれるが、世界中の80億人の人生を撮影し、80億のリアリティ番組を同時視聴することなど人間には不可能である。

したがって、マスメディアは伝える出来事と伝えない出来事を選択したうえで、特定の出来事のみを伝える必要がある。これはマスメディアの「ゲートキーピング機能」と呼ばれており、門番のように伝える情報と伝えない情報を選別しているという意味である。ここで重要なのは、選別という行為自体は、マスメディア事業者やジャーナリストの意図にもとづくものではなく、物理的な制約によって生じているということである。したがって、「なぜ○○ばかりを伝えるのか」「なぜ××を伝えないのか」といった記事の具体的な選択基準についての批判は正当であるが、情報の選別という行為自体への批判には意味がない。

リップマンの『世論』が議題設定理論にもたらした重要な視点は、人々の頭の中にある世界に対する認識が現実そのものとは異なっているということである。これをリップマンは「疑似環境」と呼んだ。そして同時に、疑似環境の形成において、マスメディアを通じた間接的な経験が強い影響力を持つことも忘れてはならない。

以上をまとめると、議題設定理論は、ある争点に特別な地位を付与し、人々の頭の中で重要なものだと認識させるという、マスメディアの報道が果たす機能に注目する。また、その裏返しとして、マスメディアによって報道されない争点は、人々にとって重要なものだと認識されなくなると考える。

人々が抱く、争点に対する「作られた」認識は、リップマンの言葉を借りれば疑似環境である。争点の重要性に対する認識は、それが疑似環境であっても、時に現実に大きな影響を与える場合がある。

その一例を挙げよう。国際政治学の分野においては、政治的リーダーが軍事行動を起こす理由の説明のひとつとして、陽動理論（diversionary theory of war）と呼ばれる理論が存在する。これは、国内経済の不況やスキャンダル疑惑などが生じている時期に、対外的な緊張を利用して国民の不満を逸らす試みを政治的リーダーが選択することで、戦争が生じるというものである。

この理論においては、「旗下集結効果（rally-round-the-flag effect）」という、国家の緊急時にリーダーを英雄視する効果が生じ、リーダーの支持率が一時的に高まるという効果の存在が想定される。しかし、旗下集結効果だけでなく、マスメディアによる議題設定からも、政治的リーダーが対外的な緊張を煽るインセンティブは生じる。議題設定理論にもとづけば、（それが現実に即したものであれ、リーダーによって人為的に演出されたものであれ）対外的な緊張が高まることで外交や安全保障についての報道が増え、国内経済やスキャンダルについての報道が減るならば、人々が国内経済やスキャンダルを重要視しなくなり、外交や安全保障をより重要な問題だと考えるようになるであろう。

これは2つの意味で看過できない事態である。1つは、本来政府がきちんと対処すべき国内問題についての報道量が減少することで、国民のあいだでその問題が過小評価され、取るべき対策が取られなくなってしまうということである。もう1つはリーダーが無用な危機を煽ることで、実際の軍事衝突を招き、国民が多大な損害を被る危険性が増大するということである。

以上のことを考えると、コーエンは、「ニュースは人々の考え（what the public think）に影響を与えることには失敗している」と述べたが、実際には議題設定という過程を経ることで、マスメディアは間接的に人々の考えにも影響を与えていると言えるかもしれない。

争点はどのように作られるか

さて、このような背景を持つ議題設定理論であるが、アイデアが社会調査を通じて実証的に検討されたのは、マコームズがノースカロライナ大学に着任し、50年来の共同研究者となるショーと出会った1968年のことである。

彼らは、ノースカロライナ州チャペルヒルにおいて、「大統領選の投票先が未決定の有権者」100人を無作為に抽出し、9月18日から10月6日まで面接調査を行った。この調査では有権者がどのような争点を重要だと考えているかが自由回答形式で尋ねられ、彼らの回答は「外交政策」「法と秩序」「財政政策」「公共福祉」「公民権」などといったカテゴリーにまとめられたうえで、重要と考えられている争点とそうではない争点に分けられた。対象を「投票先が未決定の有権者」に限ったのは、選択的接触などのそれまでのメディア・コミュニケーション研究の知見から、仮にマスメディアの影響を受けやすい人々（先有態度を持たない人々）に議題設定効果が見られないとすれば、それ以上検討を続ける価値はないと考えられたからである。

また、マスメディアによって報じられた争点を人々が重要と考えるのかどうか検証するためには、報道内容を分析することが不可欠である。そこで、マコームズとショーは、調査と並行して9月12日から10月6日までの新聞、テレビ、雑誌の内容分析を行った。内容分析においては、まず個々の記事が15の争点カテゴリーに分けられた。さらに争点カテゴリーとは別に、「主要なニュース」を「主要でないニュース」と区別するため、以下の基準が設定された。

テレビ：放映時間が45秒以上あるいは最初に放送される3つのニュースの内の1つである
新聞：1面に掲載されている、あるいは他の面に3段ぶち抜きの見出しで掲載され記事の3分の1（最低5段落）以上が政治ニュースをあつかっている
雑誌：コラムとして取り上げられている、あるいはニュースセクションの冒頭に掲載されている
社説：社説ページのトップであつかわれている、あるいは社説やコラムの3分の1（5段落）以上が政治キャンペーンの報道にあてられている

有権者の自由回答とマスメディアの報道という2つのデータを用いることで、争点ごとに、有権者が重要な争点として挙げた割合、およびマスメディアにおいて主要なニュースとして伝えられた割合を計算し、両者において争点を順位づけることが可能になる。たとえば、有権者の50％が挙げている外交政策が1位、法と秩序が30％で2位、財政政策が15％で3位といった具合である。

そのうえで、マコームズとショーは、有権者の重要争点順とメディアにおける主要争点としての報道順の（順位）相関係数という値を計算することで、両者の関連の強さを調べた。両者の相関係数は0・967であった。前述の通り、相関係数の範囲は-1から1であり、相関係数

が1であれば両者の順位が完全に一致することを意味する。したがって、0・967という値は、有権者が重要争点として挙げた割合の順位と、メディアにおいて主要争点として取り上げられた割合の順位が、ほぼ一致していることを意味している。これが、マスメディアによる議題設定効果の可能性を示唆するもっとも基本的な分析結果である。

議題設定は、マスメディアが人々の考える争点重要性に影響するというものであり、マスメディアがある政党の支持者を別の支持者へと直接変容させるようなことを想定しているわけではない。マスメディアによる人々の態度変容がなぜ容易でないかについては、対人的コミュニケーションや選択的接触の概念によって、前章ですでに説明した通りだ。したがって、議題設定理論は限定効果論を直接否定したものではなく、限定効果論とは分析の対象が異なっていると考えるべきである。

とはいえ、マコームズとショーが議題設定理論を発表するうえでは、先の時代のパラダイムである限定効果論を意識しないわけにはいかなかった。そこでマコームズとショーは、投票意図が決定していないチャペルヒル調査の対象者の中でも、特定の候補者を好む傾向を持つ回答者を取り出し、彼らが答えた争点の重要度が、彼らの好む政党（候補者）に関する報道で取り上げられている量と、ニュース全体で取り上げられている量のどちらとより強い相関を持っているのかを検証した。もし、有権者が選択的知覚を行っているのだとすれば、彼らが好む政党に関する報道で多く取り上げられた争点をより重要だと考えるはずである。しかし、表4－1

	主要なニュース		主要でないニュース	
	全ニュース	各政党に関するニュース	全ニュース	各政党に関するニュース
ニューヨーク・タイムズ				
有権者（民主党）	0.89	0.79	0.97	0.85
有権者（共和党）	0.80	0.40	0.88	0.98
有権者（アメリカ独立党）	0.89	0.25	0.78	− 0.53
ダーラム・モーニング・ヘラルド				
有権者（民主党）	0.84	0.74	0.95	0.83
有権者（共和党）	0.59	0.88	0.84	0.69
有権者（アメリカ独立党）	0.82	0.76	0.79	0.00
CBS				
有権者（民主党）	0.83	0.83	0.81	0.71
有権者（共和党）	0.50	0.00	0.57	0.40
有権者（アメリカ独立党）	0.78	0.80	0.86	0.76
NBC				
有権者（民主党）	0.57	0.76	0.64	0.73
有権者（共和党）	0.27	0.13	0.66	0.63
有権者（アメリカ独立党）	0.84	0.21	0.48	− 0.33

※ 1968年大統領選は、ハンフリーを候補とする民主党、ニクソンを候補とする共和党という二大政党だけでなく、ウォレスを候補とするアメリカ独立党が一定の得票を得るという異例の選挙であった。

表4-1 争点が主要なニュース、主要でないニュースとして取り上げられた割合の順位と有権者が重要争点として挙げた割合の相関
（McCombs & Shaw, 1972. p.181 Table3）

に示したように、このような傾向は見られなかった。「主要なニュース」「主要でないニュース」のどちらにおいても、有権者が重要争点として挙げた順位とより高い相関を持つのは、多くの場合、全ニュースを対象とした順位であった。

このことから、マスメディアによる議題設定は、有権者の先有態度を超えて作用する可能性が示唆される。議題設定理論は、限定効果論の時代から新しい強力効果論の時代へと、メディア・コミュニケーション研究を押し進めた記念碑的研究となった。

チャペルヒル調査はわずか100名を対象とした面接調査であり、理論の裏づけとしては不十分なものであろう。もちろん、この研究のみを裏づけとして議題設定理論が構築されたわけではない。第三者効果についての研究がそうであったように、1970年代以降、世界各地で行われたさまざまな研究が、議題設定理論を支持する知見をもたらしていったのである。

その中でも、竹下俊郎によって日本で行われた研究を紹介したい。竹下が参加した研究プロジェクトでは、1982年の3月11日から15日まで、選挙人名簿から無作為に抽出された和歌山県和歌山市に住む1000名を対象とした面接調査を行った。そのうち、有効回答数は717（回収率71・7%）であった。また、マスメディアの内容分析は、朝日、読売、毎日、産経の全国紙4紙、およびNHK・民放各局の夕方6時台の全国ニュースが対象とされ、2月1日から3月14日までの6週間にわたって行われた。

竹下の研究は、マコームズとショーの研究といくつかの点で異なっている。まず、争点の重

新聞						
内容分析期間	1週間	2週間	3週間	4週間	5週間	6週間
相関係数	0.43	0.71	0.75	0.61	0.64	0.57
テレビ						
内容分析期間	1週間	2週間	3週間	4週間	5週間	6週間
相関係数	−0.24	0.04	0.18	0.15	0.07	0.00

表4-2　新聞とテレビニュースにおける報道量と有権者の争点重要性の相関係数（『メディアの議題設定機能──マスコミ効果研究における理論と実証　増補版』152ページ表4-4および156ページ表4-6を修正）

要性を測定するうえで自由回答形式の質問を用いるのではなく、あらかじめ挙げられた争点のリストから選択する形式を取っていた。また、新聞の内容分析においては、「主要なニュース」「主要でないニュース」に分類したうえで、それらが掲載された割合を計算するのではなく、1面および社会面であつかわれたニュースについてその見出しの長さを計測した。竹下の方法では、期間中に防衛問題についてあつかった記事は683段で1位、外国との貿易摩擦をあつかった記事は528段で2位といったデータを得ることができる。テレビニュースについては、取り上げられた回数によって報道量を計測した。

表4-2は、新聞とテレビにおける報道量の順位と、有権者が重要争点と回答した割合の順位の相関係数をまとめたものである。なお、内容分析の期間を何週間にするのが議題設定効果の検出においてもっとも有効かは明らかになっていなかったため、「面接調査最終日から」「1週間前から」「6週間前から」という異なる期間を設定したうえで、それぞれ相関係数が計算されている。

この表によると、（マコームズとショーの研究とくらべると低いも

新聞						
内容分析期間	1週間	2週間	3週間	4週間	5週間	6週間
相関係数	0.26	0.89	0.89	0.83	0.77	0.77
テレビ						
内容分析期間	1週間	2週間	3週間	4週間	5週間	6週間
相関係数	0.21	0.67	0.89	0.84	0.69	0.63

表4-3　「校内暴力・青少年非行」を除く新聞とテレビニュースにおける報道量と有権者の争点重要性の相関係数（『メディアの議題設定機能――マスコミ効果研究における理論と実証　増補版』160ページ表4-8を修正）

のの）新聞においては議題設定の存在を示唆する高い相関が見られているが、テレビにおいては明らかに低い相関しか見られていない。また、内容分析の期間ごとに見ると、3週間～4週間に設定した場合の相関係数が高いことがわかる。

ただし、この結果を元に、日本のテレビニュースにおいては議題設定は生じないと考えるのは早計である。表4-3は、テレビでほとんど取り上げられていなかったが、有権者においてはもっとも重要な争点とされていた「校内暴力・青少年非行」を除いた相関係数であり、新聞と同程度の高い相関係数が得られている。これについて竹下自身は、内容分析の対象を夕方6時台の定時ニュースに限定したが、校内暴力・青少年非行についてはワイドショーなど他の時間帯の番組で広くあつかわれていた可能性を指摘している。このように、それを検出できるかどうかは内容分析の期間や対象とする番組などによる影響を受けるものの、竹下の研究は、日本においても議題設定理論が適用可能だということを示すものだと言えよう。

因果関係をどう確かめるか

これまでに紹介してきた研究群は、争点の報道量と社会調査にもとづいて、人々の争点重要性認知の相関関係を示したものであった。しかしこれは、争点の報道量が人々の争点重要性認知に影響を与えるという因果関係を示したものとまでは言えない。

それでも、「争点重要性認知が争点の報道量に影響する」という逆の因果関係を排除することは、第2章であつかったようなパネル調査を用いることで、ある程度可能である。たとえば、ある年の7月の報道量が9月の争点重要性認知に影響することはあっても、9月の争点重要性認知が時をさかのぼって7月の報道量に影響することは物理的にありえない。

しかし、争点自体が、実際に社会において重要な意味を持つものになった場合はどうだろう。人々が、物価の上昇をスーパーマーケットやコンビニエンスストアで目の当たりにすれば、報道に接触しなくとも、物価対策が重要な争点であると認識する。そして、明らかに物価が上昇すれば、マスメディアは重要争点として物価対策を取り上げるであろう。この場合には、マスメディアの報道が人々の争点重要性認知に影響するという因果関係（議題設定）が存在しない場合でも、現実における物価上昇が両者のあいだの見かけ上の相関関係（疑似相関）を生み出すことになる。この相関関係は議題設定を表したものではない。したがって、争点報道量を原因、争点重要性認知を結果とする因果関係が存在するか否かという点は、議題設定研究の肝である。

この点に関連して、議題設定という用語は用いていないが、マコームズとショーの研究と同時代に発表された研究として、コミュニケーション研究者のファンクハウザーによる「60年代の争点」という名の論文を紹介しよう。彼の研究は、1960年代のアメリカにおけるニュースの報道量とギャラップ社の世論調査で測定され続けている「アメリカが直面するもっとも重要な問題は何だと思いますか」という質問への回答の関連を検討したものである。ギャラップ社の世論調査は、全米からランダムに抽出された1000名程度を対象とすることが一般的である。なお、ニュースの報道量については、テレビや新聞といった他のメディアによる報道傾向を反映して誌面を構成すると考えられるニュース週刊誌3誌（タイム、ニューズウィーク、USニュース）における記事数が用いられた。

自然言語処理の技術が発展し、コンピューターを用いたテキストデータ分析が可能になった現在であれば、とくに記事が電子データ化されている新聞や雑誌については、10年間にわたって多くのメディアを対象として分析することも不可能ではない。しかし、1970年代前半には、マコームズとショーと同程度の数のメディアを対象に10年間にわたる内容分析を行うことは困難であったため、対象を絞ったのであろう。メディア・コミュニケーション研究における内容分析の自動化は、1990年代から徐々に普及し始め、現在ではKH Coderといった専門ソフトや、Rという統計ソフトのパッケージ（quantedaなど）を用いることで、無料で行うことが可能になっている。

争点	記事数	報道量（順位）	有権者の争点重要性（順位）
ベトナム戦争	861	1	1
人種問題（と都市部での暴動）	687	2	2
インフレーション	267	3	4
学生運動	234	4	5
テレビとマスメディア	218	5	12
犯罪	203	6	3
薬物	173	7	9
環境汚染	109	8	6
喫煙	99	9	12
貧困	74	10	7
性規範	62	11	8
女性の権利	47	12	12
科学と社会	37	13	12
人口問題	36	14	12

表４-４　1960年代における争点報道量と有権者の争点重要性
(Funkhouser, 1973. p.66 Table1)

ファンクハウザーの研究で示された、60年代における報道量および有権者が世論調査で回答した争点重要性の関連は、表４－４にまとめた通りである。この場合の順位相関係数は０・78という高い値になる。なお、雑誌において報道されているがギャラップ社の世論調査では選択肢に含まれていない「テレビとマスメディア」「喫煙」「女性の権利」「科学と社会」「人口問題」の争点重要性については、すべて12番目（最下位）としてあつかわれている。

また、彼は表４－５に示した８つの争点について、１９６４年から１９７０年まで１年ごとに記事数と対象の争点を重要として挙げた有権者

		記事数	重要争点 とした 有権者の割合		記事数	重要争点 とした 有権者の割合
1964	ベトナム戦争	49	50%	インフレーション	12	8%
1965		160	37%		11	6%
1966		208	56%		44	16%
1967		160	40%		12	8%
1968		123	52%		25	10%
1969		99	40%		69	9%
1970		44	27%		31	10%
1964	人種問題（と都市部での暴動）	43	60%	犯罪	18	0%
1965		64	52%		35	5%
1966		73	25%		21	0%
1967		92	30%		25	2%
1968		75	25%		35	29%
1969		86	15%		25	18%
1970		29	13%		22	8%
1964	学生運動	7	0%	薬物	1	0%
1965		22	0%		10	0%
1966		7	0%		24	0%
1967		17	0%		30	0%
1968		46	0%		18	0%
1969		109	5%		36	0%
1970		52	27%		35	3%
1964	環境汚染	1	0%	貧困	11	0%
1965		11	0%		4	4%
1966		12	0%		3	0%
1967		14	0%		7	0%
1968		3	0%		36	4%
1969		15	0%		6	0%
1970		41	6%		4	3%

表4-5　1964年から1970年における記事数と有権者の争点重要性
（Funkhouser, 1973. p.68 Table2を修正）

の割合の関連を調べた。その結果、争点についての報道量のピークと有権者が重要争点として挙げる割合のピークはある程度関連しており、報道量が増えた年やその翌年に、その争点を重要だと回答する有権者の割合が多くなっていることが分かる。

さらに、ファンクハウザーは議題設定理論にとって極めて重要なもうひとつの分析を行っている。マスメディアによる報道量と有権者の争点重要性認知に関連があったとしても、それは報道が争点重要性に影響を与えたという因果関係を持つことを示すとは限らない。なぜなら、報道量と有権者の争点重要性認知の両方に影響する第三の要因が存在しており、報道と有権者の争点重要性認知の関連は見かけ上のもの（疑似相関）にすぎない可能性があるからである。

この場合、両者に疑似相関をもたらした要因として真っ先に疑われるのは「現実」である。つまり、ベトナム戦争が激化すれば報道量が増え、有権者の争点重要性認知も高まるといった身も蓋もない話であり、この場合にはマスメディアの報道による影響は想定できない。ファンクハウザーは、この可能性を排除するために、ベトナムに駐留する米兵の数、ドルの購買力（インフレ）、人種問題に関わる暴動の数といった現実世界の指標の変化についても検討を行ったが、これらの指標のピークと報道量や有権者の争点重要性認知のピークは明らかに異なっていた。たとえば、ベトナム戦争についての報道量は１９６６年をピークとして減少しているが、ベトナムに駐留する米兵の数が最大となったのは、テト攻勢のあった１９６８年である。

実験による検証

ファンクハウザーの研究は、現実世界の指標によって疑似相関の可能性を排除する努力を行っていることから、報道量と有権者の争点重要性認知の因果関係に迫るうえで重要である。しかしながら、疑似相関を生じさせる可能性のある要因をすべて考慮できているわけではない。たとえば、1966年に起こった別の出来事がベトナム戦争の報道量と人々の重要性認知をともに増加させている可能性もあるが、それをしらみつぶしに探すことは現実的ではないだろう。

このような場合、因果関係を検証するもっとも有効な手法は、実験あるいはランダム化比較試験（RCT）と呼ばれる手法である。理屈から言えば、マスメディアによる争点報道への接触が人々の争点重要性認知をどのくらい高めるかを計るためには、同一時点において同一の個人が争点報道に接触した場合と、接触しなかった場合の争点重要性認知の差を比較すればよい。しかし実際には、個人が経験できるのは報道に接触した現実と接触しなかった現実のどちらかのみである。そこでRCTでは、対象者を無作為に2つの群に分け、一方の群（処置群）には争点をあつかった報道、もう一方の群（統制群）には争点をあつかわない報道を見せるといった操作を行う。対象者は無作為に分けられているため、研究者が操作した報道内容以外は、両方の群で等しくなるはずである。これにより、仮想的に同一の個人（の集まり）が、争点報道に接触した状況と接触しなかった状況の両方を作り出せる。この際に、もし2群のあいだで報道を視聴した後の争点重要性認知に差があるとすれば、（他の要因は2群ですべて同一なのだか

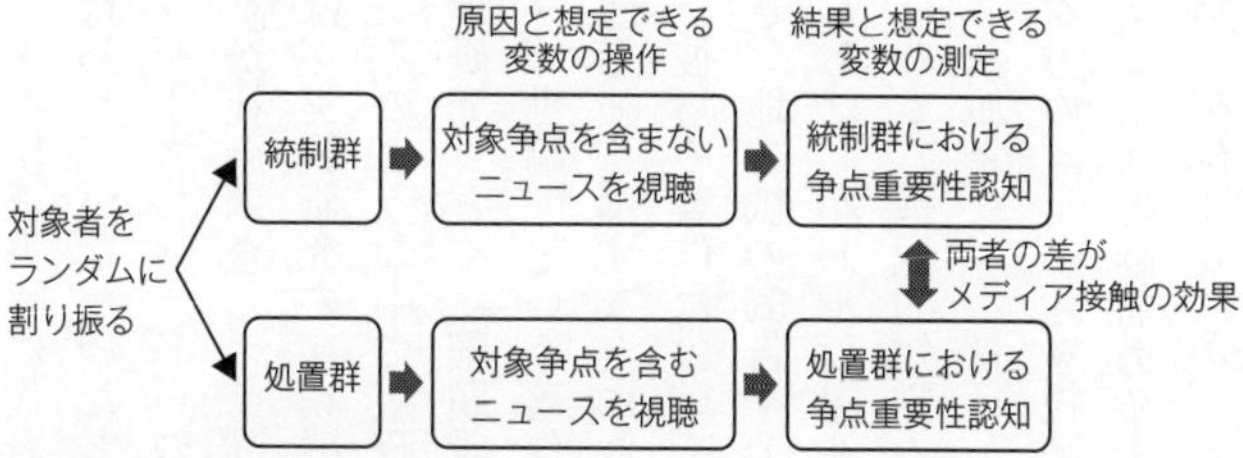

図4-3　議題設定を例とした実験（RCT）の説明

ら）争点についての報道が影響を及ぼした可能性が高いと推測できるということである。これらを模式図として表したのが図4－3である。図では議題設定を例として用いているが、RCTの基本的な構造を示すものとなっている。

　ここで注意すべき点は、2群で視聴する環境をそろえること、そして2群の対象者の分け方を無作為にするということである。たとえば、処置群は冷房の効いた部屋、統制群は蒸し暑い部屋で報道を視聴したのだとすれば、両群の争点重要性認知の違いは視聴した報道内容の影響なのか、それとも室温による影響によるものなのかが判別できない。また、2群の振り分けが先着順であり、先に参加した50名を処置群、後に参加した50名を統制群に割り振るならば、同一の個人が異なる状況に置かれるという仮想状況を作り出すことはできず、実験に対する興味という別の要因が争点重要性認知の違いをもたらした可能性を否定できない。このように、RCTは因果関係に迫るうえで有効であるが、計画・実施段階において細心の注意が必要となる手法である。

　心理学者のホヴランドらが第二次世界大戦中に行ったプロパガ

ンダの検証実験に代表されるように、メディア・コミュニケーション研究において実験自体が行われていなかったというわけではない。しかし、限定効果論の時代において最重要視されたラザースフェルドらの研究が社会調査にもとづくものであったこと、初期の議題設定理論の検証が社会調査とメディアの内容分析を用いたものであったことなどもあり、1970年代までは、実験研究の存在感は霞んでいた。

そのような中で、政治学者のアイエンガーとキンダーらが1980年代に発表した一連の実験研究、とくに議題設定理論を実験によって検証した『ニュースこそが重要だ：テレビとアメリカ世論』という著作は、メディア・コミュニケーション研究における実験という手法の有効性を強く示すことになった。

彼らの著作にはいくつもの実験研究が含まれるが、基本的な手続きは以下のようなものである。地方紙の広告や公共スペースに貼られたポスターを見て集まった多様な属性を持つ対象者たちは、20ドルの謝礼と引き換えに6日間の実験に参加した。参加者募集の名目は議題設定ではなく、選択的知覚の実験というものであった。

参加者は、1日目から5日目は毎日大学の実験室で30分に編集された三大ネットワーク局の夕方のニュースを視聴し、自宅では夕方のニュースを視聴しないように教示された。1日目はニュース視聴前の争点重要性認知を測定してから、全員が同じニュース（実際のニュースの録画）を視聴したが、2日目から5日目までに視聴したニュースの内容は群ごとに異なっており、

実験番号	争点	事前（1日目）	事後（6日目）	事前事後の差
2	安全保障	33%	53%	20pt
	インフレ	100%	100%	0pt
	環境汚染	0%	14%	14pt
8	軍縮	35%	65%	30pt
	公民権	0%	10%	10pt
	失業	43%	71%	28pt
9	失業	50%	86%	36pt

表4-6 ニュース連日視聴実験において米国にとってもっとも重要な争点として挙げられた割合（Iyengar & Kinder, 1987. p.20 Table3.2を修正）

研究者によって編集されたものだった。統制群が前日のニュースを録画したものを視聴したのに対して、処置群が視聴した動画には実際のニュースと一部差し換える形で対象争点についてのニュースが挿入されていた。もちろん参加者自身には自分がどのような群に振り分けられたかは隠されており、1日目と同じように実際のニュースの録画を視聴していると思っていた。6日目はニュースを視聴せず、争点重要性認知や政治的態度の測定が行われた。

アイエンガーとキンダーは複数の実験を行っているが、表4-6に示したものは、「アメリカが直面するもっとも重要な争点」をリストから3つ挙げてもらう形で争点重要性認知を測定した研究群について、1日目のニュース視聴前と、5日間の動画視聴が終了した後に回答者が対象争点を重要として挙げた割合をそれぞれ集計し、比較したものである。この結果を見ると、ニュース視聴前からすべての参加者が重要視していたインフレーションを除くと、ニュース視聴によって争点重要性認知が高まるという結果が得られている。

実験番号	争点	統制群	処置群					争点接触なしと最大接触の差
		対象争点を含むニュースの数						
		0	1	2	3	4	6	
3	エネルギー	24%			50%		65%	41pt
4	安全保障	33%			57%		64%	31pt
	エネルギー	21%			46%		46%	25pt
	インフレ	45%			50%		79%	34pt
5	公民権	15%		29%		33%		18pt
	社会保障	10%		41%		44%		34pt
	失業	30%		30%		67%		37pt
6	環境汚染	10%	27%					17pt
	失業	53%	73%					20pt
13	失業	50%	68%					18pt
	エネルギー	0%	23%					23pt
14	薬物	0%	11%					11pt
	教育	14%	11%					－3pt

表4-7　ニュース組み合わせ視聴実験において「米国にとってもっとも重要な争点」として挙げられた割合（Iyengar & Kinder, 1987. p.24 Table3.4を修正）

ただし、この結果の表には残念ながら対象争点を含まない動画を視聴した統制群との比較が含まれておらず、RCTの結果と断言することはできない。実験群における事前事後の争点重要性認知を比較しただけでは、結果に影響を与えうる他の要因が統制されているとは言えず、対象争点についてのニュース視聴が争点重要性認知に影響するという因果関係の有無が真に検証できているとは言えない。このように、実験参加者の無作為な群分けをともなわず、単一の群に対して何らかの操作を行う事前事後の結果を比較する研究デザインは、準実験（quasi-experiment）と呼ばれる手法の一種である。

一方で、表4－7は参加者が三大ネットワークのニュース番組から抽出した8から13程度のニュースを組み合わせた40分の動画を視聴する形式での実験の結果である。この実験においては、参加者をランダムに群分けしたうえで、対象争点を含むニュースの数が異なる動画を視聴している。ニュースには基本的に対象争点が含まれているが、統制群には含まれていない。この統制群と他の群を比較することで、対象争点を含むニュースを視聴することが争点重要性認知にもたらす影響を検証することができる。対象争点を含むニュースの数は1、2、3、4、6と実験によって数が異なる。この表から分かることは、対象争点を含むニュースを使用した群（処置群）で、その争点を重要争点として挙げる参加者が多くなっているということである。また、動画中に対象争点を含むニュースの数が多いほど、統制群との差はより大きくなる。

2 報道は「思考のフレーム」を設定する

プライミング効果

アイエンガーとキンダーは、議題設定の研究と関連して、プライミングと呼ばれる効果についても実験研究を行っている。プライミングとは、点火剤・起爆剤を指す語である。火薬・爆薬を爆発させる際、これら本体は簡単には爆発しないように作られているため、まずは少しの衝撃、摩擦などで起爆する起爆剤・点火剤を発火させ、火薬や爆薬本体に点火する。プライミング効果はもともと心理学の用語であり、ある刺激に接触することが、後に別の刺激に接触した際の情報処理にも影響を与えることを指す。アイエンガーとキンダーが提示したプライミング効果は、ある争点報道に接触することで、後に政治的リーダーの評価を行う際に、争点に関わる評価との関連が強くなるというものであった。マスメディアがプライミング効果を持つならば、たとえば、外交についてのニュースに接触した有権者は、大統領の評価を行う際に、経済問題ではなく外交政策への評価にもとづいて判断を行いやすくなるといったことが考えられる。

プライミング効果の理論的背景は、以下の通りである。われわれが持つ知識は脳内にバラバ

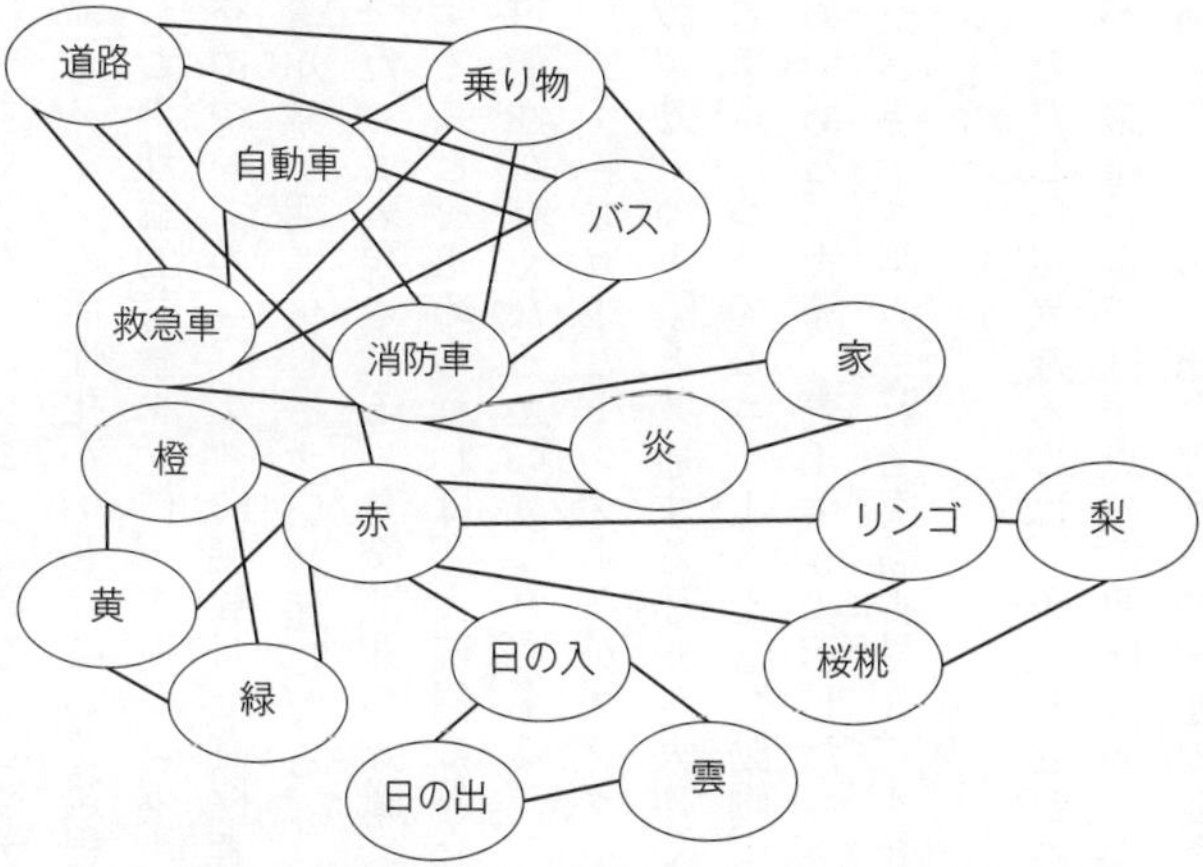

図4-4　知識の構造（Collins & Loftus, 1975. p.412 Figure1を一部改変）

ラに蓄えられているのではなく、関連する対象や概念が結びついたネットワーク上の構造を持っていると考えられる。これを、「連合ネットワークモデル」と呼ぶ。連合ネットワークの例としては、図4－4のようなものが挙げられ、「道路」「自動車」「赤」といった個々の対象はノード、ノードとノードのつながりはリンクと呼ばれる。そして、ある対象を即座に記憶から取り出すことができる状態になることを「ノードの活性化」と呼ぶ。あるノードが活性化されると、リンクを通じて意味的に関連する別のノードが活性化され、記憶から取り出されやすくなる。ノード間のリンクが短いほど意味的に近く、活性化が伝達されやすくなる。たとえば、消防車に遭遇すると、救急車などの乗り物についての知識が思い出されやすくなるのに加えて、炎や赤といった概念についての知識も思い出されやすくなるということである。心理学者のコリンズとロフタスは、このように意味的に関連するノードの活性化が伝わっていく過程を「活性化拡散モデル」と名づけた。

この理論的背景を元に、アイエンガーとキンダーらの研究について説明すれば、たとえば外交についてのニュースに接触した有権者は、外交と関連した知識が活性化し、意味的に関連する知識が活性化しやすい状態になる。この状態は、「対象となる知識のアクセス可能性が高まった」と表現される。外交関連の知識に対するアクセス可能性が高まった状態で大統領を評価することを求められれば、大統領の外交政策に対する評価を元に大統領の業績全体を評価する可能性が高くなるということである。

アイエンガーとキンダーらがプライミング効果の検証のために行った実験の手続きは、議題設定効果の実験と共通する部分が大きく、基本的には参加者を群分けし、ある群には対象となる争点についてのニュースを含む動画、別の群にはそれを含まない動画を視聴させるというものである。実際、表4－6に示したニュース連日視聴実験番号2、8、9や、表4－7に示したニュース組み合わせ実験番号3、4などは、プライミング効果の検証もできるようなデザインとなっていた。

ただし一点異なるのは、争点を含むニュースへの接触によって影響を受けると想定されるのが、議題設定では争点の重要性であったのに対して、プライミング効果では対象争点の業績評価とリーダーの総合評価との関連の強さだという点である。

争点	争点ニュース視聴なし	争点ニュース視聴あり	群間の差
軍縮	0.03	0.49	0.46
公民権	0.24	0.68	0.44
失業	0.37	0.83	0.46

表4-8　争点についての業績評価と大統領の総合評価の関連（Iyengar & Kinder 1987. p.68 Table7.2を修正）

表4－8に示したのは、当初からプライミング効果の検証を主目的としていた実験番号8の結果である。この実験では参加者は3群に分けられ、それぞれ1つの争点を強調したニュース動画を視聴した。表4－8の「争点」という項目は、参加者がどの動画を視聴したかを表しており、対象争点を含む動画を視聴した参加者とそうでない参加者における、争点についての業績評価と大統領の総合評価の関連の強さが比較できるようになっている。なお、表中の値は各争点についての業績評価が1点上昇した場合に大統領の総合評価が何点上昇するかを回帰分析という手法で予測した値を表している。たとえば、争点ニュースを視聴していない場合は安全保障についての業績評価が1点上がってもリーダーの総合評価は0・03点しか上がらないのに対して、争点ニュースを視聴した場合には安全保障についての業績評価が1点上がるとリーダーの総合評価は0・49点上がっている。この結果は、3つの争点すべてについてプライミング効果が生じていることを示唆している。

フレーミング効果

議題設定、プライミングに加えて、アイエンガーの実験によって検証されたマスメディアの効果としてフレーミングが挙げられる。フレーミング効果は、心理学者のトヴァスキーとカーネマンによって明らかにされた現象であり、等価な情報であっても異なる枠組み（フレーム）にもとづいて提示されるとまったく違った結果をもたらすというものである。

彼らが用いたアジア病問題は、アジアで発生した奇病の爆発的感染への施策として、アメリカはどちらを選択するかというものである。当時は想像上の課題であったが、（致死率はまったく異なるとはいえ）2020年以降の新型コロナウイルスの感染拡大により、まことに残念ながら身近な問題となってしまった。

アジア病問題においては、実験参加者は2群に分けられ、いずれの群の参加者も2つの施策から1つを選択することを求められる。一方の群における選択肢は「A：600名のうち200名が助かる」および「B：3分の1の確率で600名が助かり、3分の2の確率で誰も助からない」であり、「助かる」というポジティブフレームによって記述されている。いずれの施策を選択した場合でも、生存者数の期待値は200名であるが、この場合にはリスクを回避して確実に200名が助かるAが選ばれやすい。

もう一方の群における選択肢は「C：600名のうち400名が死ぬ」および「D：3分の1の確率で誰も死なず、3分の2の確率で全員死ぬ」であり、「死ぬ」というネガティブフレームによって記述されている。AとB同様、CとDも生存者数の期待値はいずれも200名であるが、今度は全員が死亡するリスクを負ってでも全員の生存を目指すＤが選択されやすい。

生存者が２００名という意味では等価であっても、ポジティブなフレームで描かれるか、ネガティブなフレームで描かれるかによって、人々の選択がリスク回避的になったり、リスク追求的になったりするのである。これは人間が利得よりも損失に敏感であり、利得においては確実性を求めるが、損失においてはそれをゼロにしようとするためだとされる。トヴァスキーとカーネマン自身も、あるいはそれに続く研究者たちも、確実に賞金を得られるくじと一定の確率で賞金を得られるくじなど、さまざまな状況下でフレーミング効果の検証を行っており、極めて再現性の高い現象であることが確認されている。

フレーミング効果がメディア・コミュニケーション研究あるいは政治コミュニケーション研究に応用されたことによって、生存者数、賞金額、確率といった形で２つの選択肢の論理的な等価性が計算できるケースだけでなく、広い意味で同じ内容を伝える情報が、異なるフレームにもとづいて提示されるケースもあつかわれるようになった。これは心理学だけではなく、社会学におけるフレーム概念をもうひとつの源流としていることによる。

社会学者のゴフマンは、フレームを「自らの経験を組織化した世界を理解するための枠組み」として定義した。世界はあまりに複雑であるがゆえに、そのまま理解することはできない。したがって、何らかの枠組みを用いることが必要になるということである。さらには、ゴフマンは、異なる他者間においてフレームが共有されることによって人々の相互行為が成立すると述べているが、人々のあいだではなくメディアとその受け手のあいだでのフレームの共有を想定することも可能である。そして、メディアの報道におけるフレームが異なる形で構成されれば、受け手への影響も異なるだろうと考えられる。

たとえば、アイエンガーが取り上げたのは、貧困や犯罪といったさまざまな社会問題の責任を何に帰属させるかという人々の認知に、テレビニュースの報道枠組みが影響するというケースである。政治学者のドラックマンは、カーネマンらの研究のような論理的に等価な情報が提示されるケースを「等価フレーミング」と呼び、内容は広い意味で一緒だが強調点が異なる枠組みが提示されるケースを「強調フレーミング」と呼んでいる。メディア・コミュニケーション研究の主たる検証対象となるのは後者である。

アイエンガーが取り上げたフレームは、「エピソード型フレーム」と「テーマ型フレーム」という2つの異なる報道スタイルである。エピソード型フレームとは、ニュースを取り上げる際に特定の人物や出来事に注目し、具体性をともなって報道するスタイルである。一方、テーマ型フレームとは、ニュースを取り上げる際に出来事の背景にある問題を一般化、抽象化された文脈で描く報道スタイルである。現代日本における貧困報道を例に取れば、「ネットカフェで寝泊まりする日雇い労働者Aさんの1週間に密着する」といったスタイルはエピソード型フレームであり、「1990年代後半以降の非正規労働者の増加や非正規労働者の賃金水準について解説する」のはテーマ型フレームである。

エピソード型フレームによる報道を行う際には、「画になる」人物や出来事、すなわち興味深い具体例をひとつ発見することができれば報道が成立する。対して、テーマ型フレームによる報道を行うためには、問題の背景にあるテーマについての深い知識が必要であり、多方面への取材が欠かせない。さらに、エピソード型フレームによる報道は、比較的簡単に視聴者の注意を惹くことができるのに対して、テーマ型フレームによる報道を理解するためには、視聴者にもある程度の知識や関心が求められる。いわば、エピソード型フレームはテーマ型フレームとくらべて、コストパフォーマンスの良い報道スタイルなのである。その結果として、アイエンガーが行ったテレビニュースの内容分析によれば、貧困報道についてはエピソード型フレームとテーマ型フレームの比が2：1、犯罪報道については8：1と、圧倒的にエピソード型フレームによる報道が多かった。

ニュース制作者たちにエピソード型フレームにもとづく報道を行うインセンティブが存在しており、実際にそのような報道が多いとしても、結果として人々に社会問題の存在を伝えることに成功しているのであれば、一概に非難される事態ではない。しかし、アイエンガーは「責任帰属」という観点から、エピソード型フレームによる報道がもたらす問題を指摘した。

図4‑5に示したのは、実験参加者をランダムに5群に分け、それぞれ異なるニュース動画に接触した後に、社会に責任があるのか、それとも個人に責任があるのかを尋ねた結果である。5つの動画はいずれも貧困問題をあつかっていたが、そのうち3つはエピソード型フレームに

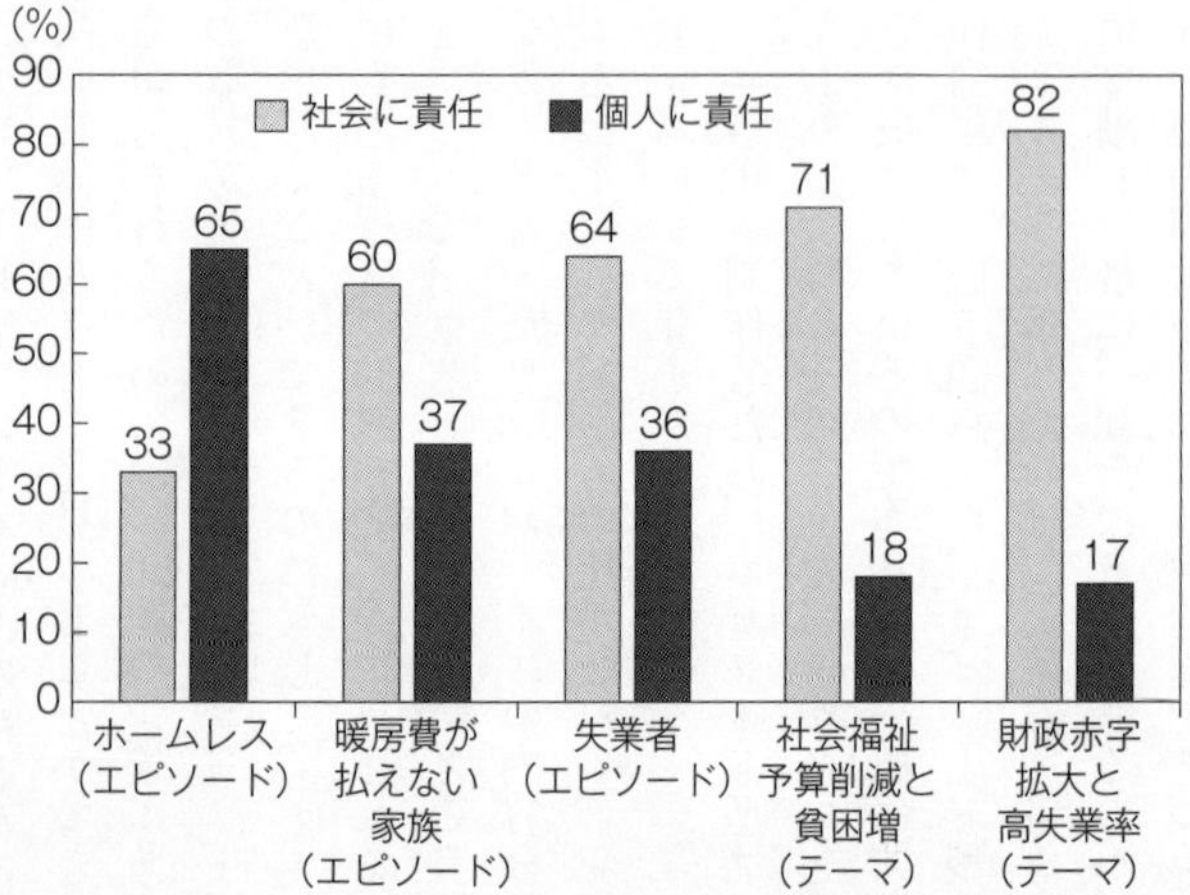

図4-5　フレーミングによる責任帰属の違い (Iyengar, 1994. p.55 Figure5.5から抜粋)

もとづいており、それぞれ、①ニューヨークの路上で生活する黒人の少年たちとサンディエゴで車上生活を送る白人のカップルという2組のホームレス、②激しい寒波の中で暖房のための燃料代が払えない2組の家族、③財政難に直面するオハイオ州の失業中の工場労働者の家族を描いている。残りの2つはテーマ型フレームにもとづいており、④社会福祉プログラムの予算削減と1980年代以降の国レベルでの貧困の増加、⑤財政赤字の拡大と失業率の上昇を描いている。この実験の結果が示していることは、エピソード型フレームにもとづくニュース(①~③)を視聴した参加者はテーマ型フレームにもとづくニュース(④⑤)に接触した参加者とくらべて、貧困の責任が個人(ニュースの登場人物)にあると回答する割合が高かったということである。

もちろん、エピソード型フレームを用いるニュースの制作者たちは、貧困や犯罪の原因が当事者にあることを伝えたかったわけではなく、真に迫るエピソードを通じて、貧困や犯罪といった問題の存在を人々に訴えかけ、その解決をうながそうとしていたのであろう。しかし、その映像を見た視聴者は、登場人物に注目することで社会問題を個人の問題に矮小化してしまい、社会の問題として捉えない可能性がある。つまり、エピソード型フレームによる報道が、当事者への責任帰属をうながすというのは、意図せざる皮肉な結果だと言える。

アイエンガーの研究における2つのフレームは、複数の問題に適用可能な報道スタイルであったが、個別の政策争点についてもフレーミング効果は想定されており、争点を描くフレームの違いによって、人々の賛否が異なるという研究結果が示されている。たとえば、政治学者のネルソンらは、クー・クラックス・クラン(KKK)という過激な白人至上主義団体の集会に対して、表現の自由というフレームで報道するのか、それとも社会秩序というフレームで報道するのかによって、人々の寛容性が異なるという結果を示している。KKKは多くの米国人に嫌われている団体だが、表現の自由の観点から言えば、彼らのような団体にも集会を開く権利があり、いかに過激な発言であっても公的に表明する権利を有するということになる。一方で、社会秩序の観点から言えば、時に暴力事件すら起こすKKKの活動は規制することもやむをえないと考えられる。

	表現の自由 フレーム	社会秩序 フレーム
集会への寛容性	3.96	3.31
演説への寛容性	4.17	3.54
表現の自由の重要性	5.49	5.25
社会秩序の重要性	4.75	5.43
「表現の自由」関連語への反応時間	6.34	6.42
「社会秩序」関連語への反応時間	6.43	6.53

表4-9　フレーミングによる寛容性、反応時間、争点重要性の違い
(Nelson, Clawson & Oxley, 1997. p.572 Table3から抜粋)

ネルソンらの実験の参加者は、ランダムに2群に分けられ、それぞれ7分間のニュース動画を視聴した。初めの5分間の内容はまったく同じであったが、最後の2分間については、一方は表現の自由フレームにもとづき、KKKの参加者のいでたちが彼らのメッセージを伝えるためのものであることや彼らの声を聞いてほしいというKKK支持者のインタビューなどを報じるもの、もう一方は社会秩序フレームにもとづいて、KKKの集会が混乱や暴力を招く危険性を論じ、実際にそれを目撃したという人のインタビューなどを報じるものであった。

その結果、表4-9に示したように、表現の自由フレームにもとづくニュースを視聴した群においては、社会秩序フレームにもとづくニュースを視聴した群とくらべて、KKKの集会や演説への寛容性が高かった。このような違いが生じた理由としては、特定のフレームにもとづくニュースに接触することで、表現の自由や社会秩序に関連した争点の重要性を高く認知するようになった結果だと考えられた。なお、表中の寛容性ならびに争点の重要性についての4項目は、すべて7点満点である。

また、この実験では、フレームに関連する概念への反応時間が測定されていた。実験参加者たちは、コンピューターの画面に表示された文字列が実在する英単語か、それとも"plsty""beirmp"といった実在しない単語かをなるべく早く正確に判断する課題を行った。もし、"liberty""rights"といった表現の自由に関連する語、あるいは"violence""disorder"といった社会秩序に関連する語が表示された場合の反応時間が短くなっていれば、フレーミングによって脳の中でそれらが活性化された状態になったことが示唆される。ちなみに、表中の反応時間の数字とは、ミリ秒(1000分の1秒)単位で計測した値が自然対数e(約2・18)の何乗にあたるかという値である。たとえば、表現の自由フレームに接触した参加者の「表現の自由」関連語への反応時間に6・34とあるのは、概算で言えば2・18の6・34乗ということであり、140ミリ秒、つまりは0・14秒ということである。ただし、実験の結果としては、接触したフレームの違いによって、表現の自由あるいは社会秩序に関連した概念の反応時間が異なるということはなかった。つまり、少なくともこの実験におけるフレーミングによる変化は、概念のアクセス可能性の変化によるものだとは考えられない。

心というブラックボックスを開く——認知革命

前述の通り、新しい強力効果論の特徴は、マスメディアを説得ではなく情報伝達を行う存在として捉えることにある。そしてもうひとつの特徴は、マスメディアが候補者や政党の支持などについての態度、あるいは投票などの行動に直接もたらす影響ではなく、より詳細な受け手の認知過程、つまりは外界から受け取った情報の処理過程にもたらす影響をあつかっているという点である。予想通りの結果は得られなかったものの、ネルソンらがフレーミング効果の実験において反応時間を測定し、概念へのアクセス可能性の変化を検証しようとしたのは、まさにそのプロセスを明らかにしたいという目的があったからであった。

人々が外界から情報を得た際に、どのようにそれを処理するかを明らかにするもっとも単純な手法は、考えていることをすべて言葉にし、それを記録するというものであろう。これは、「内観法」と呼ばれる手法であり、1900年前後の心理学においては広範に用いられていた。しかし、人間が情報を処理する際に、本人が認識できる部分はごく一部であり、本人の主観に頼る内観法には限界がある。したがって1950年代までは、人間の心を対象とした学問の心理学においてさえ、客観的に観察不可能な心はブラックボックスとしてあつかい、客観的に観察可能な行動を対象とする研究が主流であった。

直接観察できない人間の心の中で生じる過程は科学の対象にはできないという「常識」が変化したきっかけは、コンピューターの登場である。たとえば、実験刺激の提示や反応時間の測定など、データ取得においてコンピューターが物理的に役立つのはもちろんのこととして、さまざまな分野の研究者たちが、人間の心の働きをコンピューターの動作にたとえることで、ブラックボックスではなく情報処理装置として理解できると考えた。つまり人間の心を、入力された情報を処理して、ある出力に変換する機械として理解するということである。この研究の流れは「認知革命」と呼ばれ、心理学、言語学、人類学、神経科学、哲学など、さまざまな分野を横断する形で隆盛した。メディア・コミュニケーション研究もこの影響を受け、政治学においては政治的認知（Political cognition）研究として確立されることとなった。議題設定、プライミング、フレーミングといった新しい強力効果論と呼ばれる研究群の発展は、認知革命と密接に関連している。

3　テレビは長い時間をかけて「共通の世界観」を培養する

培養理論

議題設定、プライミング、フレーミングの研究において、実験という手法が用いられたことは、メディア・コミュニケーション研究の新たな地平を開くものであった。メディア接触が有権者にもたらす影響に関する因果関係の検証はメディア効果論の根幹と言えるものだが、この因果関係に迫るうえで、実験は極めて有効であったのである。

ただし、実験という手法の弱点として、短期間のメッセージへの接触がもたらす影響を検討することが研究の中心とならざるをえないという点が挙げられる。実験で用意される動画は長くとも数十分程度のものであり、多くの場合は単一の動画や記事への接触の影響が測定される。アイエンガーの議題設定効果の実験は、参加者に毎日大学に足を運んでもらって動画を視聴させるという大がかりなものであったが、それでも測定期間は1週間である。社会調査や内容分析を用いた研究が想定していた3〜4週間といった接触期間にくらべれば、だいぶ短い。われわれは日々メディアに接触している。メディア接触の影響が、長期的に接触し続けた結果として生じる累積的なものだと考えると、実験のみに頼ることは、メディア効果研究の射程を狭めかねない。

一方で、メディア・コミュニケーション研究者のガーブナーとグロスが提出した培養理論は、より長期的なメディア接触の影響をあつかう。また、この研究は個別のメッセージへの接触の効果を検証するものではなく、テレビというメディアが描き出した世界に長期的に接触し続けることで、人々がどのような影響を受けるのかを検証することを目指したものである。そして、これまでに紹介してきたメディア・コミュニケーション研究の多くが報道を対象としていたのとは異なり、娯楽番組への接触を念頭に置いている。

テレビ視聴の特性

ガーブナーは、テレビをそれまでのマスメディアの延長で捉えることは間違いであると主張した。テレビは、読み書きの能力を必要とせず、無料であり、移動せずとも家で視聴できる。ガーブナーは、多くの人が幼少期から長時間接触することで、テレビが人々の現実認識を規定し、たとえば宗教や公教育のように、文化を形作る存在となると考えた。彼はそのインパクトを、普及初期には人々に単なる「馬なし馬車」だと言われながらも、やがて社会を激変させた自動車になぞらえている。

この議論の前提となるテレビの特徴として、人々の視聴行動の非選択性が存在する。人々のテレビ視聴行動は、番組内容よりも時間帯にもとづいて決定される。人々は番組の内容によってテレビを視聴するかどうかを決定するというよりは、ある時間帯には必ずテレビをつけるという形で視聴する。たとえば、プライムタイム（ゴールデンタイム）と呼ばれる多くの人々がテレビを視聴する時間帯がそのあらわれである。また、テレビ番組は、同じ社会システム、市場、番組制作方法にもとづいているため、内容は局を問わず似通った内容となる。これらの特徴により、限定効果論が提示したような選択的なメディア接触とは異なり、人々のテレビ視聴行動は非選択的なものとなる。したがって、視聴者がどのような人物であるかにかかわらず、すべからくテレビが提示する世界観の影響を受けることになると想定される。

それでも、もしテレビが描く世界が現実そのものであるならば大きな問題はないと考えられるが、もちろんそのようなことはありえない。その世界は一定の偏りを持っているのである。

ガーブナーらの分析が提示した偏りの一例として、女性がテレビに登場する際には、恋愛や家族と結びつけられやすいという点が挙げられる。テレビに登場する女性の約半分は、20歳前後のヤングアダルト層であるのに対して、男性ではこの層は5分の1であった。また、結婚を意図している、あるいはすでに結婚している姿が描かれる男性は3分の1であるのに対して、3分の2の女性は結婚しているか、あるいはストーリーの中で結婚する見込みが描かれていた。それ以外にも、ガーブナーはテレビに登場する職業の割合（現代日本のドラマの登場人物を考えても、現実とくらべて明らかに外科医や刑事や弁護士の割合が高いことは想像できるであろう）など、さまざまな観点からテレビの世界と現実の相違について分析を行っている。

テレビが描く「暴力に溢れた冷たい世界」

現実とは異なるテレビの世界に接触し続けることがもたらす長期的な影響を検証するという枠組みは、マスメディアの影響について考えるうえで極めて重要なものであり、多様な分野に適用しうるものである。ただ、ガーブナーの研究が「暴力の原因と防止に関する全米委員会」から助成を受けていたこともあり、培養理論におけるもっとも中心的な検討対象はテレビにおける暴力であった。

表4－10に示したのは、ガーブナーとグロスが1967年から1975年までのアメリカの三大ネットワーク（ABC、CBS、NBC）における平日夜と週末昼間のドラマ番組を分析し

	1967	1968	1969	1970	1971	1972	1973	1974	1975	計
サンプル										
分析対象番組数	96	87	121	111	103	100	99	96	111	924
分析対象時間	62.0	58.5	71.8	67.2	70.3	72.0	75.2	76.0	77.3	630.2
分析対象主要登場人物	240	215	377	196	252	300	359	346	364	2649
暴力の登場率										
暴力が含まれる番組の割合	81.3%	81.6%	83.5%	77.5%	80.6%	79.0%	72.7%	83.3%	78.4%	79.8%
暴力が含まれる時間の割合	83.2%	87.0%	83.2%	78.3%	87.2%	84.2%	79.7%	86.8%	83.0%	83.6%
暴力の登場回数										
番組ごとの暴力の登場回数	5.0	4.5	5.2	4.5	4.7	5.4	5.3	5.4	5.6	5.1
1時間ごとの暴力の登場回数	7.7	6.7	8.8	7.4	6.9	7.5	7.0	6.9	8.1	7.4
登場人物の暴力への関わり										
暴力を振るった割合	55.8%	49.3%	46.5%	52.0%	46.0%	39.3%	34.5%	40.8%	43.1%	44.6%
暴力を振るわれた割合	64.6%	55.8%	58.9%	56.6%	50.8%	49.7%	48.2%	51.2%	53.8%	54.0%
暴力に関わった割合	73.3%	65.1%	66.3%	62.8%	61.5%	58.3%	55.7%	60.7%	64.8%%	62.9%
殺人の加害者となった割合	12.5%	10.7%	3.7%	6.6%	8.7%	7.7%	5.8%	9.8%	6.3%	7.7%
殺人の被害者となった割合	7.1%	3.7%	2.1%	4.6%	3.2%	4.7%	3.3%	5.8%	3.8%	4.2%
殺人に関わった割合	18.7%	11.6%	5.6%	8.7%	9.9%	9.7%	7.5%	13.6%	9.1%	10.2%

表４-10　テレビドラマに登場する暴力の内容分析．(Gerbner & Gross, 1976. p.195 Table1から抜粋)

た結果である。この表から分かるように、約8割の番組に暴力シーンが含まれ、1番組平均約5回の暴力シーンが登場し、登場人物の約6割が暴力に関与していた。テレビドラマの世界は、暴力で溢れていたのである。もちろん、ここで描かれた世界は現実とは大きく異なっている。実際に当時のアメリカにおいて、人々が1週間に暴力に巻き込まれる可能性は1％以下であった。また、ドラマにおいて見知らぬ人同士のあいだで暴力が起こるシーンが多く描かれるが、実際の暴力の多くは家族などの親密な関係において生じている。

このように暴力に溢れたテレビの世界に接触し続けた人々にはどのような影響が生じるのであろうか。ガーブナーとグロスは、社会調査データを用いて1日平均4時間以上テレビに接触している人々と、2時間以下の人々の比較を行った。1日のテレビ視聴時間が長い人々は、テレビが提示する世界観にさらされている時間が長いと考えて間違いないだろう。

図4－6はテレビ視聴時間が長い人々と短い人々が、自分が1週間以内に暴力に巻き込まれる確率をどのように見積もるかについて、さまざまな属性を持つ層において比較したものである。回答者に示された選択肢は5％と1％の2つであり、図4－6に示した数字は5％と回答した人の割合である。実際にアメリカにおいて人々が暴力に巻き込まれる割合は1％以下であるため、テレビ視聴時間が長い人々は、いずれの層においても5％という、より「テレビ的」な回答をしている割合が高いことがわかる。

また、ガーブナーらは1975年の総合社会調査で用いられた「多くの人は信頼できるか、

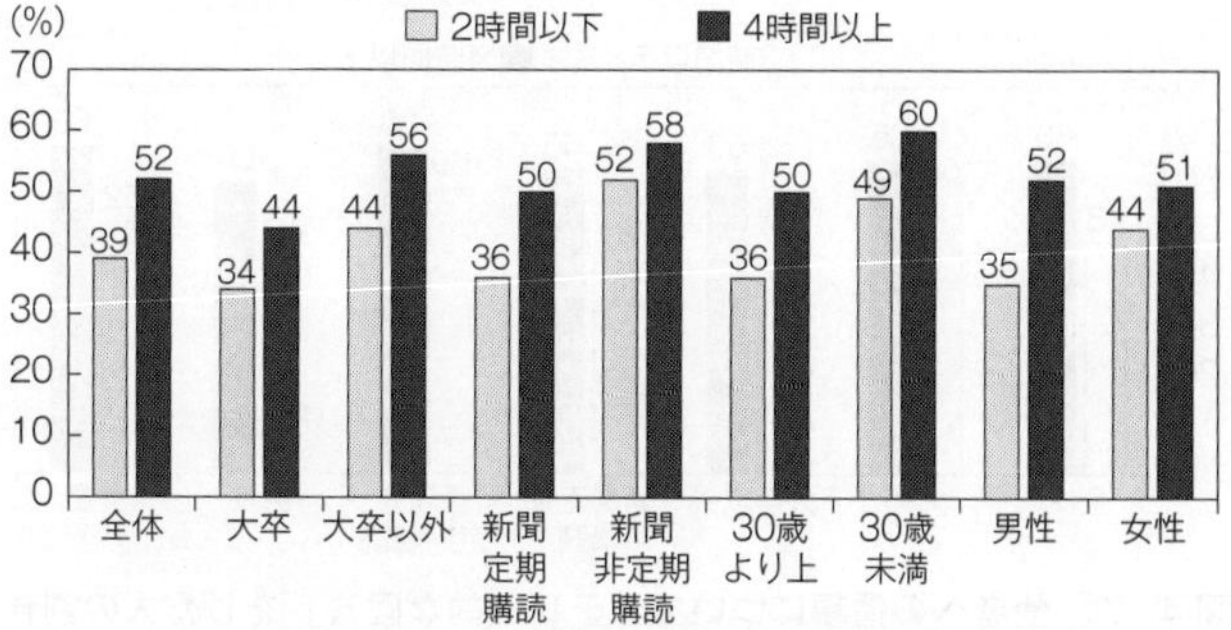

図4-6 暴力に巻き込まれる確率についてテレビ的な回答をした人の割合（Gerbner & Gross, 1976. p.193 Figure8から抜粋）

それとも注意するに越したことはないか」を尋ねる質問項目についても、テレビ視聴時間の長短による差を検証している。図4-7は「多くの人は信頼できる」ではなく「用心するに越したことはない」と回答した人々の割合を示している。この結果は、いずれの属性を持つ人々においても、テレビ視聴時間が長い人ほど、「用心するに越したことはない」という回答を行う者が多いという結果を示している。これについてガーブナーらは、暴力に溢れたテレビの世界に接触し続けることで、世間は冷たいという認識を抱くようになると解釈している。このような現象は「ミーンワールド（いじわるな世界）症候群」と呼ばれており、前記の他者への信頼を尋ねる質問以外に「他者は自分のことしか考えていない」「他者はチャンスがあればあなたを利用しようと思っている」といった項目を用いて測定される。

なお、テレビが描く世界に長時間接触し続けることが、図4-6のような現実世界についての知覚に影響を及ぼ

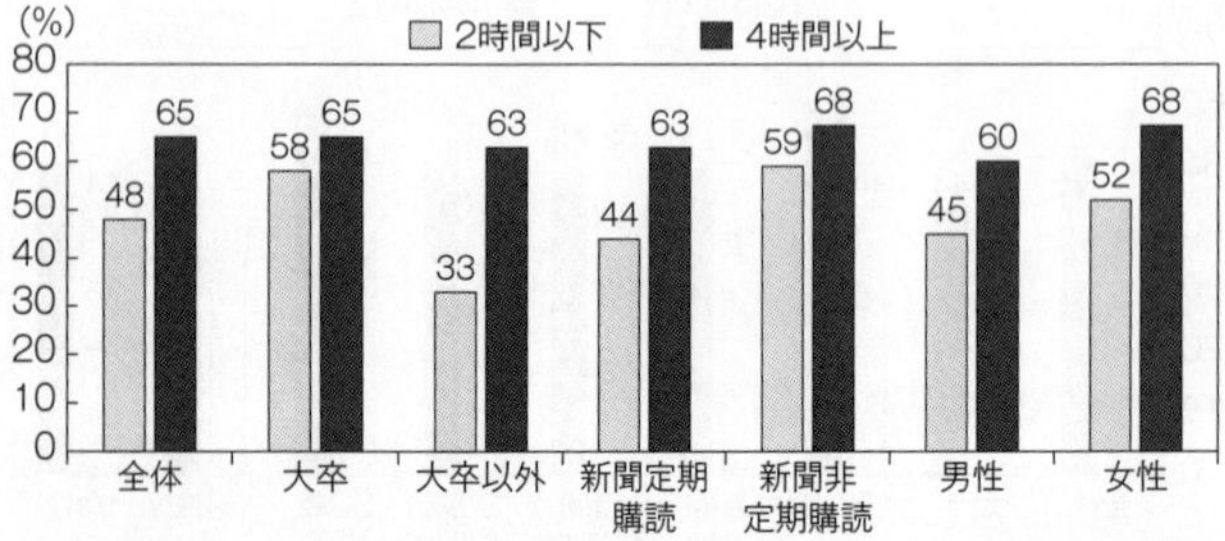

図4-7　他者への信頼について「テレビ的な回答」をした人の割合
(Gerbner & Gross, 1976. p.192 Figure7から抜粋)

すことを第1次培養効果、単純な現実の知覚だけでなく、図4－7のような人々の価値観や信念に影響をもたらすことを第2次培養効果と呼ぶ。

前記の分析結果においては、図4－6の「男性」や図4－7の「大卒以外」のようにテレビ視聴時間が長い人々と短い人々の差が大きい属性もあれば、図4－6の「新聞非定期購読」や図4－7の「大卒」のように、差が小さい属性もある。しかし、ここで注目すべきはテレビ視聴時間が4時間以上の層である。図4－6、図4－7ともに白いバーの高さはまちまちであるのに対して、黒いバーの高さはおおむねそろっている。これは、テレビ視聴時間の長い人々は、属性を問わず同じような回答傾向を示しているということである。

テレビの長時間視聴者の意見は似通う――主流形成

テレビに長時間接触し続ける生活を続ける人々は、テレビ的な世界観にもとづいて現実を捉えるようになる。その結果として、個人が持つ属性による差を超えて、似通った社会認

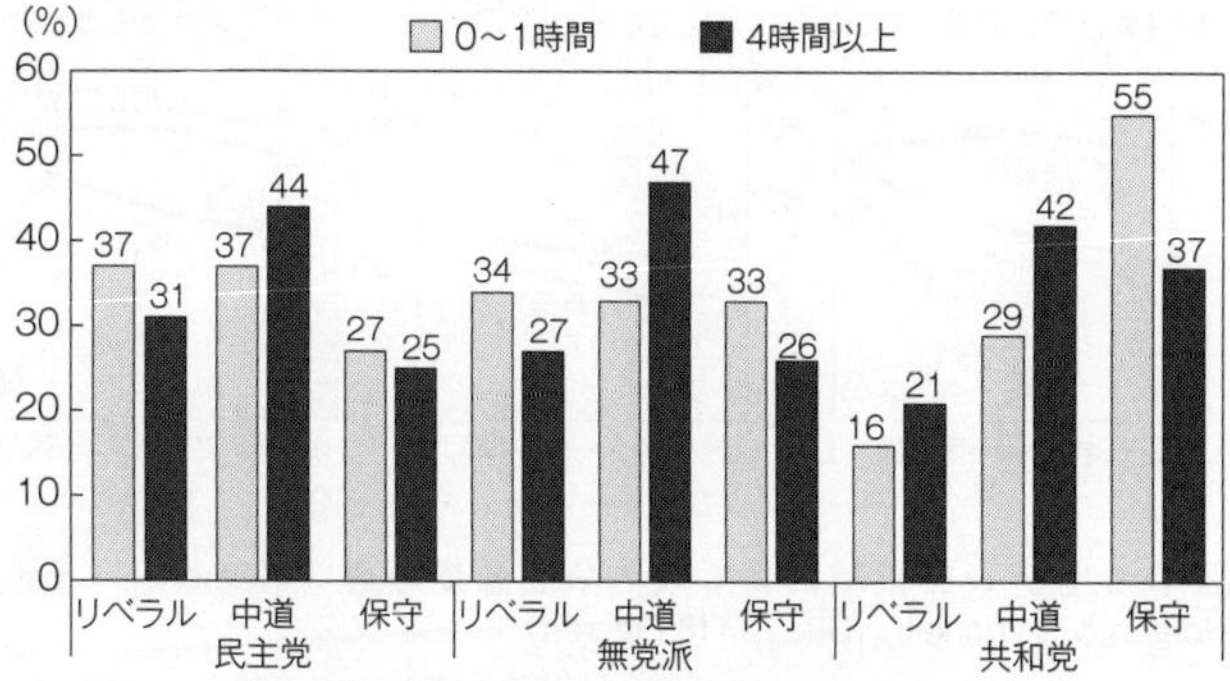

図4-8 テレビ視聴による自身の政治的立場の認識の違い（Gerbner, Gross, Morgan & Signorielli, 1982. p.112 Table3から抜粋したうえで図示）

識を持つようになる。このアイデアは、培養理論についての論文を著したガーブナーとグロスがメディア・コミュニケーション研究者のモーガンとシニョレリとともに行った研究で、「主流形成（mainstreaming）」という概念として発表された。たとえば、1982年の論文においては、さまざまな政治的立場や政策争点について、テレビを長時間視聴する人々の認識が似通っていることが示されている。

図4-8に示した結果は、「民主党支持者」「共和党支持者」「無党派」という3つの党派の人々が、自身を「リベラル」「中道」「保守」というイデオロギー軸上のいずれに位置づけるかについて、1日のテレビ視聴時間ごとに比較したものである。このデータが取得された1970年代のアメリカは、政治的分極化が問題となる2000年代以降とくらべて政党への帰属とイデオロギーの関連が弱かったが、それでもテレビ視聴時間が0〜1時間の人々においては、民主党支持者

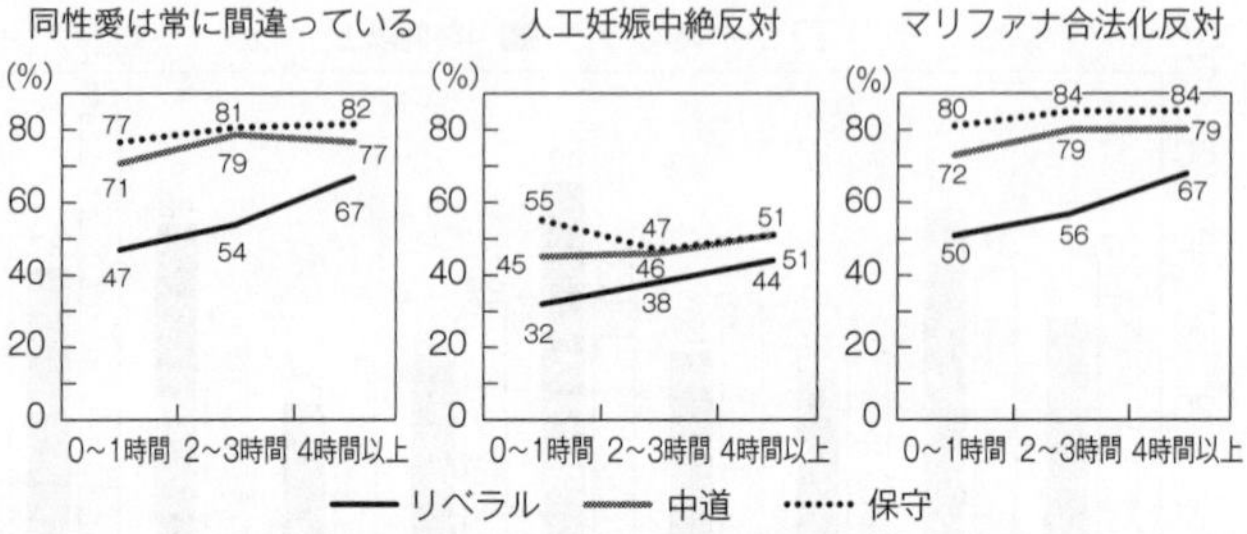

図4-9　テレビ視聴による政治争点態度の違い (Gerbner, Gross, Morgan & Signorielli, 1982. p.118 Figure4)

はリベラル、共和党支持者は保守という党派性に沿った回答が相対的に多い。一方で、4時間以上の人々においては、いずれの党派においても自らを中道と位置づける回答がもっとも多くなっており、党派による違いが目立たなくなっている。

ただし、この結果は、テレビを視聴している人々の意見が中庸になるということを意味しているわけではない。図4－9に示したのは、自らを「リベラル」「中道」「保守」というイデオロギーに位置づける人々が、具体的な政治争点についてどのような態度を持つかを、テレビ視聴時間ごとに比較したものである。この結果を見ると、「保守」「中道」においてはテレビ視聴時間による差は小さいが、リベラルな人々においてはテレビ視聴時間が多いほど、同性愛、人工妊娠中絶、マリファナ合法化に反対する回答が多くなっている。これは、争点ごとに「テレビ的な意見」が存在しており、テレビを長時間視聴し続ける人々は、自らの政治的立場を問わず、そのような意見に賛同するようになるということを示唆している。

ガーブナーらは、テレビが形作る文化は現状を混乱させ規範をゆさぶるというより、主流の規範を維持させるものであると述べている。たとえば、さまざまな国において同性婚が認められつつある現代においては、「同性愛は常に間違っている」という規範はもはや主流のものではない。しかし、１９７０年代においては主流であったこの規範の維持をテレビというメディアの存在が助長し、規範の変化を遅らせた可能性は十分に考えられる。

マスメディアの長期的影響

ガーブナーらの研究は、メディア接触の長期的、累積的な効果を対象としており、テレビが描く世界が人々の認識に影響を与えるという、個別のメッセージや番組への接触を超えたスケールの大きな現象をあつかっていた。それゆえに、「現代の社会で支配的な世界観や文化を維持するマスメディア」という、前述のクラッパーの著作においてもあつかわれていたメディア批判を、実証研究の俎上に載せることができたのである。ガーブナーらは当時のメディア・コミュニケーション研究で発展しつつあった実験について、培養理論の検証には適さないということを明確に述べている。彼らによれば、すべての人がテレビの作り出した文化の中に生きており、テレビへの接触とそれが作り出した主流の文化への接触を分けることができない。したがって、テレビに接触していない群を設けることはできたとしても、主流の文化に接触していない統制群を設けたうえで、文化に接触した群との比較を行うことは不可能だというのである。

一方で、実験という手法が用いられた理由は、因果関係に迫るうえでもっとも有効な手法であるというものであった。この手法を用いることができない培養理論や主流形成についての研究は、因果推論という点において弱点を抱えている。具体的には、テレビ視聴時間が短い人々と長い人々のあいだで現実の認識や価値観・信念に違いが見られたとしても、それがテレビの影響だとは言い切れないのである。実際、社会学者のハーシュはガーブナーらが用いた調査データを再分析したうえで、「テレビ視聴時間」と「現実世界の認識」の両方と関係しうる他の変数の影響を取り除くと、両変数の直接の関連は見られなくなるということを主張している。つまり、厳密な因果関係の検証のために実験手法を用いれば、メディア接触の長期的、累積的な影響を検証することが難しくなり、実験手法を用いないなら、因果関係検証のためのもっとも有効なツールを捨てることになるという痛し痒しの状況である。

メディア・コミュニケーション研究のさらなる発展のために、なんとか実験に頼らずに因果関係の検証を行うことはできないだろうか。培養理論からは離れるが、そのためのヒントとなりうる研究を2つ紹介したい。

1つ目は、著者と心理統計学者の登藤直弥、社会心理学者の小林哲郎が2016年に発表した「一般化傾向スコア」を用いた研究である。この研究は、2009年に著者と池田謙一が社会心理学の専門学術誌に発表した論文が元となっている。2009年の論文では、番組の内容にもとづいてニュースを分類したうえで、社会調査データを用いて、政治知識を持たない人々がソフトニュースと呼ばれる娯楽化されたニュース番組に接触することで、選挙に関心を持ちうるかを検証している。しかしこの研究は、他の社会調査データを対象とした社会心理学研究の多くと同様、回帰分析という分析手法を適用しているため、実際の検証内容はソフトニュースへの接触と選挙への関心が関連を持つかという点にとどまっており、接触によって関心が高まるという因果関係の検証はできていなかった。そこで２０１６年に実施した研究においては、一般化傾向スコアという統計手法を用いて因果関係の検証に取り組んでいる。

実験が因果関係の検証において優れているのは、参加者をランダムに処置群と統制群に割り振ることで、群ごとに異なるのは影響を調べたい変数のみという状況を作り出し、他の変数の影響を取り除くことができるからであった。たとえば、報道への接触と選挙への関心の因果関係を検証する際に、そもそも報道に接触するかどうかが年齢、性別、学歴などで決まっており、選挙への関心も同様に年齢、性別、学歴によって異なるとすれば、報道接触の影響のみを取り出すことは困難である。そこで、年齢、性別、学歴を含むさまざまな変数を用いて、対象者が報道に接触する確率を予測し、傾向スコアと呼ばれる値を算出する。そして、傾向スコアを用いて、見かけ上の報道接触の効果からそもそもの報道接触のしやすさの効果を取り除く補正を行う。これにより、その人が報道に接触しやすい人であるか否かの影響を取り除いて、実際に報道に接触したことの効果を検証できるのである。なお、ここでは説明をわかりやすくするために報道に接触した人としていない人という２つの群を想定したが、実際の論文では報道への接触は連続的な量として分析されている。一般化傾向スコアの「一般化」とは、論文で用いた手法が2群の比較以外にも拡張可能な傾向スコアであることを意味している。

2つ目は、政治学者の金子智樹が2018年に発表した、地方紙廃刊という出来事を利用した自然実験による論文である。「自然実験」とは、偶然生起した出来事によって、対象者のランダムな群分けに近い状況が生じたのを利用して、因果関係の検証を行う手法である。金子はこの論文で、日ごろから地方紙を購読することが、選挙における投票の有無に対して効果を持つかという因果関係を検証している。

金子が利用した出来事は、鹿児島県における地方紙の廃刊である。鹿児島県には、もともと南日本新聞と鹿児島新報という2つの地方紙が存在していたが、鹿児島新報は2004年5月5日に廃刊となっている。その年に行われた参議院議員選挙の投票日は7月11日であったため、鹿児島新報の定期購読を行っていた有権者の中には、新聞から情報を得ることなく、投票日を迎えた人もいた可能性が高い。鹿児島新報の廃刊は有権者にとっては予想外の出来事であり、鹿児島新報の読者は本人の意図とは関係なくとつぜん新聞を購読しない（できない）という状況に置かれたわけである。

金子は、この状況を利用することで、地方紙購読が投票にもたらす影響を検証できると考えた。たとえば学歴が高い人ほど鹿児島新報を購読しており、選挙で投票に向かう可能性も高いといった形で、地方紙の購読と投票行動の両方に関連する変数はいくつも考えられるため、鹿児島新報の読者と非読者で投票率を比較するといった方法では、地方紙の購読が投票にもたらす影響を検証することはできない。しかし、鹿児島新報を選択していた有権者が、廃刊によって本人の意思とは無関係に新聞を購読できなくなったならば、廃刊の前後で比較を行うことで、同じ属性を持つ人々が新聞を購読した場合と購読しなかった場合の差を見ることができるというのである。実際、彼の分析によれば、鹿児島新報の廃刊後に新聞普及率が大きく低下した自治体において、2001年参院選にくらべて2004年参院選の投票率が低くなっていた。しかも、2004年参院選は鹿児島県知事選挙と同時に実施されたため、鹿児島県全体の投票率は2001年とくらべて上昇していたにもかかわらずである。その中で、新聞普及率が大きく低下した自治体で投票率が下がったということは、地方紙が人々を投票に向かわせる効果を持つことを示唆している。

ガーブナーが培養理論や主流形成の研究を通じて投げかけたように、メディア・コミュニケーション研究を個別のメッセージへの短期的な接触をあつかった実験のみに限ってしまうことは、決して望ましい方向性ではない。今後の研究においては、厳密な因果関係の検証が可能となる実験により、短期的な影響、個別のメッセージの影響を検証するとともに、前記のような実験を用いずに因果関係を検証する手法も用いて、長期的な接触の効果を検証していくことが重要だといえよう。

4 マスメディアは「現実」を操れるか

新しい強力効果論というパラダイム

新しい強力効果論として位置づけられる研究は多岐にわたっており、その定義や境界も明確とは言いがたい。その理由のひとつは、研究の視点も手法も異なる2つの研究群が一緒くたにまとめられていることだと考えられる。

先述の通り、一方は、マスメディアに接触した人々がどのように情報を処理するかという認知過程を調べる実験で、精緻な因果関係の検討を行っていく研究である。これには、プライミングや(心理学的な)フレーミングの研究が該当する。もう一方は、マスメディアに長期的に接触し続けることで、人々の認識がどのように影響を受けるかを、主に内容分析や社会調査を用いて検討する研究である。この代表は培養理論、あるいはその後の主流形成についての研究である。前者は、個人への影響過程をあつかうミクロなマスメディア研究、後者は、社会全体の変化を視野に入れたマクロなマスメディア研究というまとめ方もできる。

なお、議題設定については、もともとは数週間以上の期間が想定されていた。メディアにおける議題の優先順位と人々の議題の優先順位の関連をあつかうものであり、どちらかといえばマクロな視点を持つものであったが、その中でもアイエンガーらの研究は、報道に接触した人々の議題の重要性認知の変化を実験で検証するミクロな視点にもとづくものだったと言える。議題設定が、両方のアプローチによって研究されているということは付言しておきたい。

メディア効果論において、このように異質な研究をひとつにまとめたパラダイムの存在を仮定すべきかどうかについては議論が分かれるところである。強力効果論＝大、限定効果論＝小、新しい強力効果論＝大（あるいは中）といった形で、メディアの影響力の大きさによってのみ区別するのであれば、この図式にあまり意味はない。竹下俊郎が２００２年の論文において主張したように、「影響力の大きさ」の定義は曖昧で多義的である。限定効果論の補強効果をマスメディアの効果として考慮するのか、それとも態度変容のみをあつかうのか、分母が大きいがゆえに影響された人数が多い場合（接触人数など）についてはどのようにあつかうか等々、定義次第で影響力は変わってしまう。

マスメディアの影響力の正体

しかし、本書ではあえて、新しい強力効果論が提示したマスメディア像をまとめることを試みたい。それは、その先の時代、つまりはインターネットが普及した現代におけるマスメディアの役割について検討するうえで有用だと考えるからである。一部、ここまでの議論との重複もあるが、ご容赦願いたい。

人間が直接経験することのできる範囲は限られている。そのため、マスメディアを通じて間接的に経験した内容が現実認識の大きな部分を形作ることとなる。ここで、マスメディアが世の中のすべての出来事を伝えることは不可能であるため、伝える情報と伝えない情報を選別するゲートキーピングの役割を担う。したがって、マスメディアが構成する環境は現実そのものとは異ならざるをえない。人々の現実認識は、このマスメディアによって構成された現実の影響を受けているため、現実そのものとは異なる疑似環境と呼びうるものである。

これは政策争点というレベルにおいては、マスメディアが多く伝える争点が人々にとって重要だと認識される議題設定効果として立ち現れる。また、マスメディアによって多く伝えられた争点が政治的リーダーの評価に用いられやすくなるプライミング効果として、実際の選挙結果にも影響を与えうる。そして、対象となる争点の中身に注目した場合、マスメディアが争点のどういった側面を強調するのかで人々の意見に違いが生まれる。これが(強調)フレーミング効果である。フレーミング効果は、マスメディアがどの争点を強調するかではなく、争点のどの属性を強調するかによる効果とみなされるため、「属性型議題設定」あるいは「第二レベルの議題設定」とも呼ばれる。この場合には、従来の議題設定は「争点型議題設定」あるいは「第一レベルの議題設定」ということになる。

マスメディアが描く世界が現実の世界と異なっているとしても、新聞社・テレビ局といった事業者ごと、あるいは記者や編集者、番組制作者ごとに世界の描き方が異なっているならば、人々の現実認識に対して一貫した影響を持つことはないであろう。しかし、マスメディアにおける世界の描かれ方にはある程度の共通性がある。世論研究者のノエル＝ノイマンは、これを「マスメディアの共振性」という概念を用いて説明した。共振性が存在する理由として、まず、ニュース制作に携わる人々は、たとえば似たような社会属性（たとえば高学歴）を持ち、各社で同じような訓練を受けていることが挙げられる。さらには、取材源や取材手法、記事や番組の制作手順の共通性も高い。加えて、メディアの中にはオピニオンリーダー的な有力メディアが存在しており、自社だけが孤立することを恐れる他のメディアは、それに追随する傾向が強いとされる。「日本では他社が報じた重要なニュースを一社だけが報じないことを特オチと呼び、海外のように独自の報道を行うことを求めるのではなく、特オチを何より避けようとする横並び意識が日本のメディアの特徴である」といった語られ方をすることも多いが、自社だけが遅れを取ることを恐れるのは日本のメディアに限った話ではない。これらの要因により、マスメディアの報道内容が似通ったものになれば、議題設定、プライミング、フレーミングといった、マスメディアの描く世界が人々の現実認識にもたらす影響は強められることになる。

「マスメディアが描く世界が人々の現実認識に影響をもたらす」という観点を、より直接的に反映しているのが、培養理論（および主流形成）である。ノエル＝ノイマンが共振性の研究で念頭に置いたのは、報道内容や観点の類似性であったが、培養理論においては、個々のメッセージや番組の背後に、共通するテレビ的世界観が存在すると仮定される。それゆえに、この世界に長期的に接触し続けた人々の現実認識は、その人の属性にかかわらず「暴力に溢れている」「世間は冷たい」といったテレビ的なものになってしまうというのである。

このように、マスメディアの描き出す世界が人々の現実認識に影響を与えるというのは、場合によっては、「マスメディアが○○党を応援して勝たせる」といった単純な説得効果以上に、「強力な効果」とみなすこともできるかもしれない。しかしここで、第2章の限定効果論の議論を思い出してほしい。マスメディアの強力効果論が実在したかどうかについては、マスメディアの効果に随伴条件が存在したか、つまりは、マスメディアがいかなる状況においても、すべての人に影響するといった仮定が置かれていたかという点が問題となっていた。この点を考慮に入れると、新しい強力効果論が示した諸効果についても、随伴条件が存在するか否かが効果の強さを語るうえで重要な意味を持つ。紙幅の関係上、それぞれの研究について随伴条件を挙げていくことはできないが、本章で紹介した効果のうち、随伴条件が存在しないものはひとつもない（たとえば、議題設定の随伴条件については、竹下俊郎が2008年に発表した『メディアの議題設定機能　増補版』にまとめられている）。

疑似環境と現実世界

ただし、「マスメディアが描いた世界が人々の現実認識に影響を与える」という新しい強力効果の性質上、マスメディアとは関係なく存在する「現実」そのものが随伴条件を作りうるという点についても、述べておく必要があるだろう。

仮にマスメディアが経済争点について一切報道せずとも、人々の暮らし向きが悪化する、町に失業者が溢れる、といった事態が訪れたならば、人々は経済争点が重要であると認識する。このように、マスメディアに頼らずとも、人々が生活の中でその争点についての情報を得られる事象については、マスメディアによる議題設定の影響は限定的なものとなる。一方で、自衛隊関係者や米軍基地の近隣住民など一部の人々を除けば、多くの人々にとって外交や安全保障という事象はメディアを通じて間接的に接するしかない問題である。このような争点の重要性認知については、マスメディアの報道量が大きな影響を持つ。議題設定研究においては、人々が日常生活の中から情報を得ることができる争点を「直接経験争点」、メディアを通じてしか情報を得ることのできない争点を「間接経験争点」と呼んでおり、後者において議題設定効果が強く見られることが知られている。

また、培養理論の研究においても、ガーブナーらは、テレビに長時間接触し続けることで現実に存在する社会属性による差が縮小する主流形成とは逆に、差が拡大する「共鳴」という現象が存在することを認めている。

図4－10に示したのは、「犯罪の恐怖は私にとって極めて深刻な問題である」という質問に同意した回答者の割合であるが、所得と人種においては、視聴時間が長い場合に属性の違いによる差が小さくなっている一方で、性別と居住地においては、逆に視聴時間が長い場合に属性

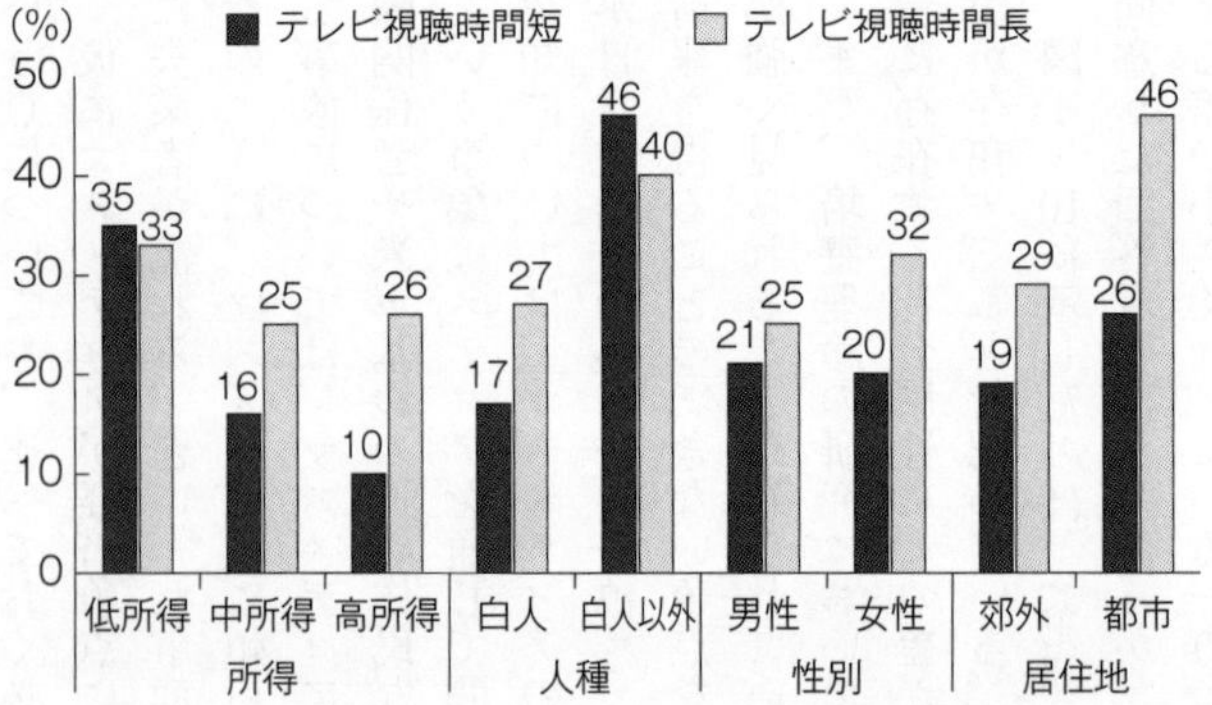

図4-10　犯罪の恐怖を自分にとって深刻と認識する人の割合の比較
(Gerbner, Gross, Morgan & Signorielli, 1980. pp.11, 16−17)

の違いによる差が大きくなっている。これについてガーブナーらは、実際に犯罪被害のリスクが高い属性にある人々が、その現実が誇張されたテレビの世界に接触することで、テレビの影響力が倍化されたと解釈している。テレビの世界への継続的な接触が、現実世界における差をすべて覆い隠すというわけではなく、テレビの世界と現実世界の相互作用によって、人々の認識が決定されるのである。

インターネットは「希望」か

このように現実の制約を超えて無制限に影響力を発揮できるわけではないとはいえ、マスメディアが人々の現実認識を形作るうえで大きな影響力を持つのは事実であり、にもかかわらず一部の事業者に独占されている状況が危険視されるのは当然といえる。また、マスメディアが描く世界と現実世界に系統的な差異が存在することが明らかになっている以上、マスメディアのゲートキーピングの基準が批判の対象となるのも自然なことである。「より現実に即したゲートキーピングとは何か」を定義することは容易ではないが、たとえば、情報発信者による恣意性を取り除き、人々のニーズを反映したものにすべきといった主張が考えられる。

こう考えると、１９９０年代以降のメディア・コミュニケーション研究において、インターネットの登場が大きな期待を持って受け止められたことは、無理からぬことである。インターネットは、一般の人々の情報発信を可能にするツールであり、マスメディアによる情報発信の独占を崩しうる。人々が自由に情報を発信し、世の中に多様な情報が存在するならば、誰かの恣意的な情報選択の基準を押しつけられることもない。誰でも「見たいものを見て」「見たくないものを見ない」ということができるのである。マスメディアではなくインターネットを中心としたメディア環境は、理想的と言えるのではないか。

しかし、インターネットの普及は、サイバーユートピアと呼べるようなバラ色の未来をもたらすものでは決してなかった。２０００年代以降の現実社会を知っていれば、誰しもわかることである。なぜ、インターネットはバラ色の未来をもたらすことができなかったのだろうか。次章ではインターネットとは何かを考えることで、現代におけるマスメディアの役割について議論したい。

第5章 マスメディアとしてのインターネット

――「選好にもとづく強化」と注意経済

前章で紹介した通り、ガーブナーは人々が自動車を「馬なし馬車」とみなした例を挙げて、テレビを従来のメディアの延長ではなく、まったく新たな生活をもたらす存在として捉えるべきだと主張した。一方で、インターネットがまったく新たな生活をもたらすという視点は、あらためて主張されずとも、その普及当初から一貫して強調されてきた。「〇〇革命」「〇〇の衝撃」「〇〇は世界を変える」の〇〇にインターネット上のサービス名を入れて検索を行えば、ブログ、ユーチューブ、ツイッター、はてはセカンドライフ（Second Life）や今はなきユーストリーム（Ustream）がいかに世界を激変させるかが語られている記事や新書の数々が確認できる。

個々のサービスの影響がそこまで大きかったかは別として、インターネットを従来のメディアの延長線上で捉えるべきではないという点については、もちろん著者も同意する。

しかし一方で、インターネットについて理解するうえで、前章までに述べたマスメディア効果論の研究が役に立たないとはまったく考えていない。むしろ、インターネットの登場により、マスメディアの利点と欠点が明確になり、逆にマスメディアと比較することで、インターネットの利点と欠点が浮き彫りとなる。インターネットがまったく新たな存在であるという視点が過度に強調されているがゆえに、マスメディアに関する研究の蓄積をふまえた議論が不十分であったことは、インターネットの社会的影響についての理解を阻害しているのではないだろうか。これが、マスメディアを主題とする本書において、インターネットを取り上げる章が必須だと考える理由である。

1　インターネットは「個人の選好」を最大化する

選好にもとづく強化

強力効果論から、限定効果論、新しい強力効果論へというパラダイムを採用する文献の多くは、それ以降のパラダイムを設定していない。中には、マクウェールの『マスコミュニケーション理論』のように、前章であつかった内容を、培養理論に代表される「新しい強力効果の復活」と、議題設定に代表される「社会的現実の構築」に分ける教科書も存在するが、インターネットが普及した１９９０年代以降について明確なパラダイムを設定していない点では共通している。１９９０年代以降も、政治コミュニケーション研究、リスクコミュニケーション研究、消費者行動研究といった個別の分野ではメディア・コミュニケーションが分析対象となり続けているのだが、メディア研究そのものを統合するようなパラダイムは設定しがたいと考えられているのであろう。

そのような中で、「選好にもとづく強化（preference-based reinforcement）」という次なるパラダイムを設定しているのが、カチャトーラ、ショイフェレとアイエンガーである。彼らが２０１６年に提唱したパラダイムは、メディアは人々がもともと持つ傾向を強化する形で影響を及ぼすというものである。第2章で説明した通り、人々が持つ選択的接触（選択的メカニズム）傾向やコミュニケーションの二段の流れ（対人的コミュニケーション）の影響により、マスメディアは「人々がもともと持つ意見を強化する形での効果は持つとしても、意見を変更する効果は持ちにくい」というのが限定効果論の要諦であった。したがって、メディアの利用者のみに注目した場合には、「選好にもとづく強化」として語られているインターネット普及後の現象は目新しいものではなく、限定効果論の時代にすでに指摘されていた内容ということになる。

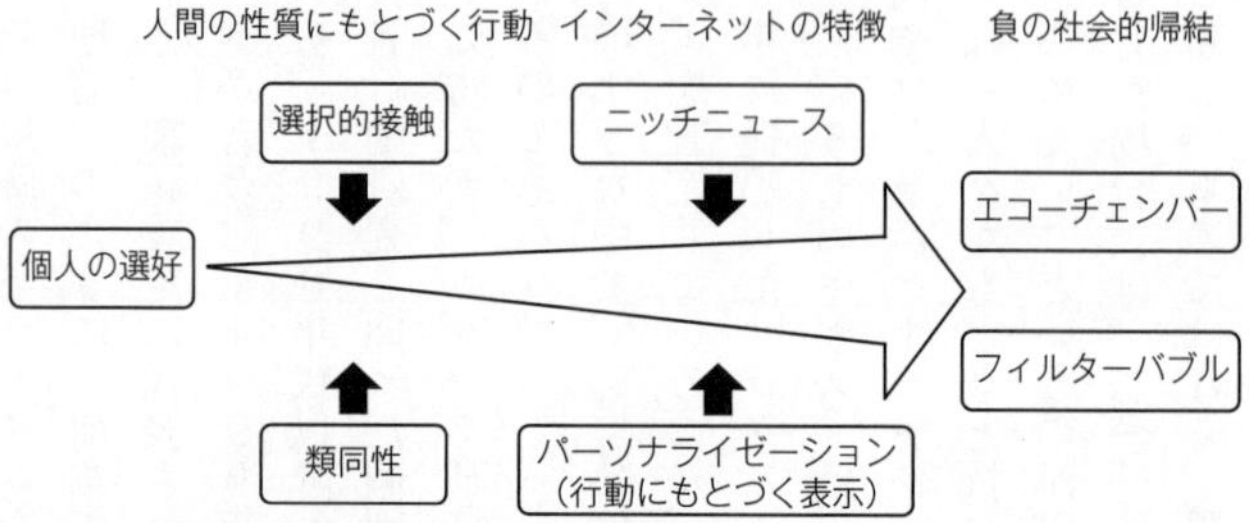

図5-1　選好にもとづく強化の模式図

それでも、カチャトーラ、ショイフェレとアイエンガーが新たなパラダイムを設定している理由は、情報を発信するメディア側に注目すべき変化が存在するからである。ここで、インターネット上で個人の選好が強化される仕組みについて、あらかじめ図5－1にまとめておこう。

個人が、自身の持つ選好に沿った情報に接触する選択的接触という行動については第2章で説明した通りである。選択的接触の背景には認知的不協和や「動機づけられた推論」といった個人の認知過程が想定されていたが、これらはインターネット登場以前から人間がもともと持つものである。また、自身と似た他者とつながりを持ちやすい「類同性（homophily）」という傾向を人間はもともと持つが、これもインターネット登場以前から存在する性質である。

インターネットの特徴は、個人の選好の強化を助長するという点である。マスメディアが一定数以上の読者・視聴者を獲得するためには、ある程度万人受けする情報を発信する必要があるが、インターネット上における情報発信は、ごく限られた人々を対象としても成立するため、インターネット上には対象を絞ったニッチニュースが多く存在する。これは個人が自身の選好により合致した情報を選択する余地を増やす。また、インターネット上では人々の行動がデータとして蓄積され、検索エンジンやSNSでは、このデータを元に、個人の選好に沿った異なる情報を表示するパーソナライゼーションが行われる。多くのサービスで採用されているリコメンド（おすすめ）機能もこの一種である。個人の選好とは無関係に同じ情報を発信するマスメディアとは異なり、インターネットにおいては個人の選好に沿った情報が次々と提示されるため、個人の選好が強化されうる。

結果として起きる負の社会的帰結を表す比喩として、「エコーチェンバー（echo chamber）」と「フィルターバブル（filter bubble）」という概念が用いられている。エコーチェンバーとは、自分の声が部屋に反響しているのを聞いているように、自身と同じような意見を持つ他者、あるいは彼らが発信する情報に囲まれることにより、本人はインターネット上で他者の意見を聞いているつもりでも、自分自身の意見を聞いているのと変わらない状態になることを表す。フィルターバブルとは、パーソナライゼーションによって個人ごとにインターネット上で見ている内容が異なるため、個人がそれぞれ自身の選好に則った泡に包まれ、価値観の異なる個人同士が交わらなくなる状態を表す。

このようにインターネットは、人間がもともと持つ性質と合わさることで個人の選好を強化し、それが社会にとって好ましくない帰結を招く可能性がある。本章の議論においては、この過程について詳しく説明するとともに、問題をいかにして克服するかという点についても、議論を行いたい。

類同性とエコーチェンバー

インターネットがもたらした変化の1つ目は、対象を限定した情報発信の増加である。第3章で説明した通り、従来のマスメディアはなるべく多くの視聴者・読者を獲得するために、比較的中立的な立場で情報を発信する必要があった。また、たとえば日本の地上波テレビやラジオについては、放送法という法律によって、政治について中立な報道を行うことが義務づけられていた。しかし、ケーブルテレビやインターネットの普及によって、対象を明確に絞った「ニッチニュース」が商業的に成立しうるようになった。極右・極左といった極めて強い政治的立場を持つ人々のみを対象とするようなメディアも、一定の層を囲い込めば存続できるということである。あるいは、計算機科学者のネグロポンテは1990年代に「デイリー・ミー(日刊自分新聞)」という言葉で、個人ごとにカスタマイズされた情報環境を表現したが、これは現代のSNS上に実現していると言えよう。誰がチャンネルを回してもテレビに表示される番組は同じだが、SNSを開いたときにタイムラインに表示される記事は、利用者が誰をフォローしているか、これまでにどんな記事を閲覧してきたかによって大きく異なる。そして、限定された層、あるいは個人に向けて発信される情報は、受け手のもともと持つ意見に沿った内容が多い。それゆえに、メディアは以前にもまして人々の選好を（変化させるのではなく）強化する存在となる。

この傾向を助長するのが、類同性と呼ばれる傾向である。日本では「類は友を呼ぶ」、英語圏では“Birds of a feather flock together.”ということわざで表現されている通り、人間は性別、年齢、教育程度といった社会属性から、知能、物事の好き嫌い、価値観といった内面的な要素に至るまで、似た者同士が集まりやすいのである。社会学者のマクファーソンとスミス＝ロヴィーンは類同性を誘導型類同性（induced homophily）と選択型類同性（choice homophily）に分類している。

学校や職場、自治会といった集団の多くは何らかの属性が共通する人々によって構成されており、同じ集団に所属する他者同士が関係を持つ際には、自動的に同じ属性を持つ人同士のつながりが生じるということになる。このように人々がつながりを持つ機会によって決定づけられるのが誘導型類同性である。

一方で、同じ集団に所属していたとしても、すべてのメンバーが個人的なつながりを持つわけではない。誰と関係を持つかは個人の選択によって決まるが、この際に類同性によって他者が選択されるというのが選択型類同性である。自分が高校や大学に進学した際、あるいは職場に勤め始めた際を思い出してみれば、何となく自分と近い他者を見つけて話しかけた経験を持つ人も多いであろう。あるいは付き合いを続ける中で、重要な事柄について意見が異なることを知って、距離を置いたことがあるかもしれない。

所属集団が異なる他者がつながる機会を提供するという意味では、インターネットは誘導型類同性を弱める可能性を秘めたメディアではある。地理的に離れていても、学校や職場が違っていても、インターネットを通じて他者とつながることが可能である。しかし、インターネットが登場したからといって、自分と似た他者を好む傾向が変化するわけではない。「類は友を呼ぶ」の元となった「方以類聚、物以羣分、吉凶生矣」という表現が、中国の周時代の易経という数千年前の書物にまでさかのぼることを考えても、この性質は人間が根本的に持つものと言えよう。したがって、インターネット上でも選択型類同性にもとづいてつながりが形成されることに変わりはない。似たような意見のブログ同士がリンクされ、SNSにおいては自身と似た他者をフォローしやすく、意見が異なると思えばつながりを解消したり、投稿内容が表示されないようにミュートしたり、ブロックしたりすることが考えられる。

法学者のサンスティーンは、エコーチェンバーの概念を用いて、インターネットにおいて、人々が政治的意見が同じ他者とのみつながりを持つことの危険性を指摘している。エコーチェンバーを表すものとして、データサイエンティストのコノヴァーらの研究における2010年のアメリカ連邦議会中間選挙時の政治的投稿のリツイートを可視化した図が知られている（図5-2）。この図では民主党支持者と共和党支持者が2つのクラスターを形成しており、両者の交わりは少ないことが示されている。

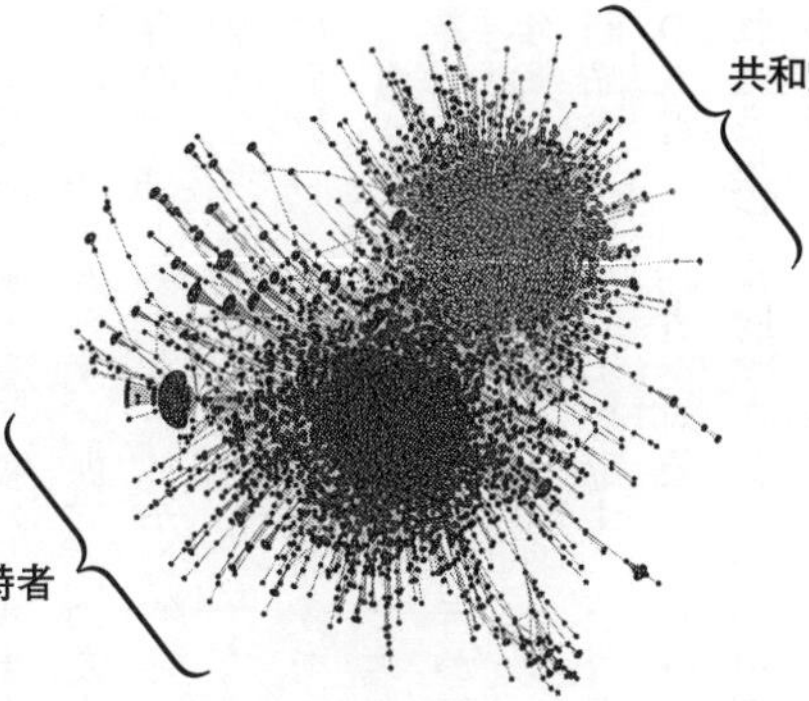

図5-2　Twitterにおける政治的投稿のリツイートのネットワーク
（Conover, Ratkiewicz, Francisco, Gonçalves, Flammini & Menczer, 2011. p.92 Figure1 に注記を追加）

選択的接触や類同性という、インターネットが登場する以前から持っていた人間の特徴は、インターネットによって助長される可能性がある。それまでは、「自らの意見に沿った記事だけを見たい」「自分と同じ意見の人とだけつながりたい」と思っても限界があった。「中立的」なマスメディアは、勝手に自身と反対の意見を届けてくる。また、現実の生活の中で出会える、意見が同じ人の数は限られており、意見の異なる他者とつながらざるをえない場面も多い。しかし、インターネット上においては、触れることのできる情報、つながることのできる他者は膨大に存在しており、自らが好む情報のみに触れ、自らが好む他者とだけつながりを持つことも可能である。

パーソナライゼーション

一方で、選択的接触にせよ類同性にせよ、人々が自分で意識できる現象であり、(多くの人々にとって、実際にどこまで実現できるかは別として)「反対意見にも触れよう」「意見が異なる他者ともつながろう」と努力することで、自分の周りにエコーチェンバーを作り出さないようにすることは可能ではある。

市民活動家・実業家のパリサーは、このような考えに沿って、自身はリベラルな価値観を持つにもかかわらず、保守派の友人ともフェイスブックでつながっていた。しかしあるとき、自身のニュースフィードから彼らの投稿が消えていることに気づく。これは、個人の選好を反映するような技術(パーソナライゼーション)の普及というインターネット登場後のメディア環境における、大きな変化の兆候であった。

インターネット上のサービスの多くは、民放の地上波テレビと同様に無料で利用できるが、これはサービス利用時に広告が表示されるからである。テレビ広告であれば、視聴者を性別・年齢といった何らかの属性にもとづいてセグメントと呼ばれる同質な集団に分割したうえで、商品やサービスが想定する消費者のセグメントに沿った番組に出稿される。たとえば、医薬品の広告は高齢者を対象とした番組、化粧品の広告は女性を対象とした番組、自動車の広告であれば家族で視聴するような番組の途中に流されるといった形である。ある属性の人がある番組を視聴しやすいというのは、あくまで統計的な話であり、例外が存在するのは当然としても、F1層(20歳から34歳までの女性)などといった性別や年齢にもとづく区分では、価値観が多様化した現代人に対する分類としては心もとない。一方で、属性を細かく分けてセグメントを細分化することは、技術的に可能だとしても、あまりに細分化されたセグメントに対応する番組は存在しえない。

対してインターネット上では、ユーザーが行動するたびに「どの記事を閲覧したか」「どのような記事に「いいね！」を押したか」「どのような単語で検索を行ったか」「どのような動画を再生したか」「どのような広告をスキップしたか」といったデータが蓄積され、それを元にユーザー個人に沿った広告を提示することができる。過去の行動から見て関心を持つ可能性が高い広告に接触することがユーザーにとってメリットかどうかはわからないが、少なくとも広告主にとっては大きなメリットがある。

また、ユーザーが何らかの行動を行うたびに記録されるデータは広告の表示のみに利用されるわけではない。グーグル（Google）のような検索エンジンにおいては、それまでのユーザーの行動に合わせて検索結果が変化するため、同じ検索ワードを用いたとしても、表示される結果はユーザーごとに異なる。パリサーが気づいた通り、フェイスブックのようなSNSにおいても、つながりを持つ他者が投稿した記事がすべて表示されるわけではなく、どの記事が表示されるかはユーザーの過去の行動によって決定される。これらは、サービス提供者がユーザーの満足度を高め、少しでも長い時間利用してもらうための仕組みである。

あるいは多くのサービスで採用されるリコメンド（おすすめ）というシステムも、過去のユーザーの行動にもとづいて行われる。SNSでは、個人が選択的類同性を働かせなくとも、自身に近いユーザーを自動的におすすめしてくれる。アマゾン（Amazon）では書籍をはじめとする商品、ユーチューブやネットフリックス（Netflix）であれば動画、スポティファイ（Spotify）であれば音楽がユーザーの過去の行動にもとづいておすすめされる。

このようにユーザーの過去の行動が膨大なデータとして蓄積され、データの分析にもとづいて個人にとって最適なサービスが提供されることを「パーソナライゼーション」と呼ぶ。パーソナライゼーションが行われたインターネット上では、誰一人として同じものを見ることにはならない。「私が見ているインターネット」と「あなたが見ているインターネット」は異なるのである。自分専用に最適化されたインターネットは、誰に対しても同じ紙面、同じ番組を提供しているマスメディアとくらべて、とても魅力的だと言えよう。

セレンディピティの欠落とフィルターバブル

一方で、パーソナライゼーションには2つの弊害が指摘されている。

1つ目は個人レベルの弊害であり、セレンディピティと呼ばれる偶然にもとづく発見の機会が失われることである。セレンディピティとはイギリスの作家ウォルポールが1754年に友人にあてた書簡の中で用いた造語であり、『セレンディッポの三人の王子』という寓話から取られている。この物語では、セレンディッポ（スリランカ）の王子たちが旅をする過程で、意外な出来事に遭遇し、優れた洞察力によって、もともと探していなかった何かを発見する。ペニシリンの発見に代表されるように、自然科学の分野においては、もともとの研究目的とは異なる偶然による発見が繰り返されてきたが、近年ではビジネスの分野においてもセレンディピティの重要性が強調されている。しかし、パーソナライゼーションによって、個人の選好にもとづく情報提示がなされるならば、もともと探していた情報を得るうえでの効率は上がるものの、「探していなかった何か」と偶然出会う機会は限られてしまう。

もうひとつは社会レベルの弊害である。民主主義においては、意見が異なる他者同士が議論を行うことで、人々の意見が変容し、より良い結論に達することが期待される。そうしたプロセスを通じて、少数派が多数派となる可能性が担保されていればこそ、最終的には多数決にもとづくものだとしても、少数派が決定を受け入れることができるのである。意見が異なる他者同士が議論を行うためには、ある程度の情報が共有されている必要がある。しかし、パーソナライゼーションが進んだ世界においては、そもそも見ているものが異なるため、議論の前提となる情報の共有が困難となる。民主的な議論が失われることは最悪の場合、敗者の側が暴力に訴えるという悲劇に結びつくことが想定される。（パーソナライゼーションがどこまで影響したかを検証することは困難とはいえ）２０２０年のアメリカ大統領選の結果をめぐり、２０２１年１月、トランプ元大統領の支持者が連邦議会議事堂を襲撃し、死者が出るという最悪の事件が起きたことは、民主主義が危機に瀕していることをわれわれに突きつける事件であった。

パリサーは、パーソナライゼーションが進んだ世界を、フィルターバブルという語を用いて表現した。フィルターバブルの中にいる人々が、お互いに交わる機会は限られる。パリサーがこの現象を深刻と考える理由は、個人が自ら選択してフィルターバブルを形作っているのではなく、グーグルやフェイスブックといったサービスが採用しているアルゴリズムによって、望むと望まざるとにかかわらず、フィルターバブルが形成されるためである。

2　アルゴリズムは人々を分断するか

計算社会科学による検証

このように、現代のメディア環境においては、個人の選好に合ったニッチな情報がいくらでも存在している。それは、人々が持つ情報への選択的接触傾向が実際の行動と結びつく可能性を高める。また、自分と似た他者を好む類同性は、容易に地縁、血縁、既存の社会集団を超えうるインターネット、あるいはSNSによって、より純粋な形で具現化する。さらに、パーソナライゼーションを促進するアルゴリズムは、ユーザー本人も気づかないうちに、自身の選好に沿った情報、自身と似た他者との接触を助長する。このような複合的な要因により、メディアの影響力は個人がもともと持つ選好を強化する形で働くというのが、「選好にもとづく強化」というパラダイムの想定である。

このパラダイムに含まれる研究が本格化したのは2010年代以降であり、活発な研究が実施されている最中である。したがって、ニッチなニュース、類同性、パーソナライゼーションといった要因がそれぞれどの程度、人々が持つ選好の強化につながっているのかは、まさに検討の途上にある。特筆すべき変化は、パーソナライゼーションに使用されている膨大なデータである。研究者にとっても、インターネット利用が人々にもたらす影響を検討する重要なツールとなりうる。ウェブ上に蓄積される膨大なデータを用いて、人間の行動や社会現象を理解しようとする学問分野は、計算社会科学と呼ばれる。この分野における問題関心は従来の社会科学と重なっており、社会学者をはじめとする社会科学分野の研究者も関わっているものの、担い手の中心はコンピューターサイエンス、データサイエンスといった新たな分野の研究者たちである。社会心理学者の北村智が指摘しているように、メディア・コミュニケーション研究においても計算社会科学の存在感が増している。

異なる意見への接触を阻害するのは人間か、アルゴリズムか

たとえば、フェイスブック社（当時）の研究者であるバクシらが行った研究では、フェイスブックにおいてイデオロギーが異なる他者間のコミュニケーションを阻害しているのは、パリ

サーがフィルターバブルを作り出すと指摘したアルゴリズムよりも、ユーザー個人の類同性にもとづく選択であるという結果が示されている。彼らは2014年7月7日から2015年1月7日にかけて、フェイスブックに「保守」「リベラル」という自身のイデオロギーを登録しているアメリカのユーザー1010万人について、彼らがシェアしたハードニュース（政治・国際ニュース）の記事22万6000件を対象とする研究を行った。その結果、フェイスブックにおける3・8億回の記事のシェア、対象者のニュースフィードへの9億回の記事の表示、5900万回のクリックが分析対象となった。

図5－3は保守派、リベラル派それぞれのユーザーが、自身のイデオロギーと異なる記事と接触する確率である。記事が無作為に表示される場合には、どちらのユーザーも40％以上の確率で、異なるイデオロギーにもとづく記事と接触するが、友人のシェアでは保守派で34・7％、リベラル派で23・7％まで低下する。これは友人のつながりに、政治的立場に関する類同性が反映されているためであろう。ただし、友人がシェアした記事がすべて表示されるわけではなく、実際にはフェイスブックのアルゴリズムにもとづいて表示される記事が選択される。この場合の異なるイデオロギーにもとづく記事との接触率は保守派で33・7％、リベラル派で22・2％であり、アルゴリズムによる低下は小さい。さらに、ユーザーが実際にクリックする記事のうち、異なるイデオロギーにもとづく記事は、保守派で29・6％、リベラル派で21・1％である。

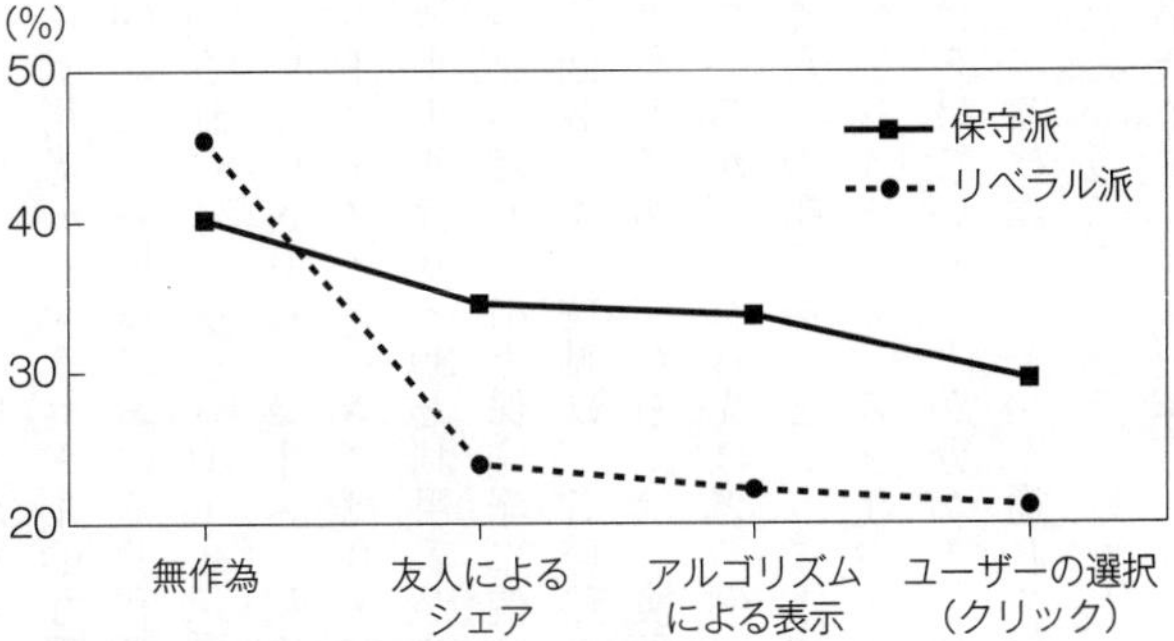

図5-3　イデオロギーが異なる記事に接触する割合（Bakshy,Messing & Adamic, 2015. p.1131 Figure3B）

ニュースへの接触経路とイデオロギー的分断

一方で、データサイエンティストのフラックスマンらの研究においては、アメリカで普段からオンラインでハードニュースに接触している5万人のユーザーによる、2013年の3月から5月にかけての23億件のページ閲覧が対象となっている。この研究では、ウェブ上の政治的ニュースと政治的意見記事に対して、どのような経路で接触しているかによって、イデオロギー的な分断がどの程度起こっているかを検証している。取り上げられている経路は、ニュースアグリゲーター、記事発信元のサイト、ソーシャルメディア、検索エンジンの4つである。ニュースアグリゲーターとは、日本でいえばヤフーニュースやスマートニュースといった、複数の発信元の記事をまとめるサービスを指す。以下で度々触れるキーワードなので、ぜひ意識しておいてほしい。

この研究では、各経路を元に接触したサイトがイデオロギー的に偏っているかを判定するために、サイトの内容を直接分析するのではなく、サイトの利用者のイデオロギー的な偏りを元にサイトのイデオロギー的な位置を推測している。具体的には、各地域における共和党の得票率とサイトの利用率のデータを用いて、サイトの利用者がどれだけイデオロギー的に偏っているかを算出したスコア（保守的な利用者の割合）を用いている。NBCニュースの利用者の平均スコアは0・50とちょうど中間に位置しているが、ニューヨーク・タイムズは0・31、ハフィントン・ポストは0・35、ウォール・ストリート・ジャーナルは0・39と利用者がリベラル派に寄っており、FOXニュースは0・59、ニュースマックスは0・61と保守派に偏っている。

図5－4の縦軸は、各経路をたどって接触した各サイトのイデオロギー的なばらつきを表したものである。たとえば、検索エンジンを通じて接触する意見記事の場合の値は0・20となっているが、これは先ほどの例で言えば、ウォール・ストリート・ジャーナルとFOXニュースくらいの幅があるということである。この図を見ると、直接サイトを訪問する場合とくらべて、ソーシャルメディアを経由する場合や検索エンジンを経由する場合のほうがイデオロギー的にばらけていることが分かる。つまり、直接アクセスされたサイトとくらべて、ソーシャルメディアや検索エンジンを通じて接触されたサイトには、イデオロギー的に偏ったサイトが多かったということである。ただし、分断の程度差はニュースの場合にはとくに小さく、意見記事の場合でも0・08程度（ニューヨーク・タイムズとウォール・ストリート・ジャーナルの差と同程

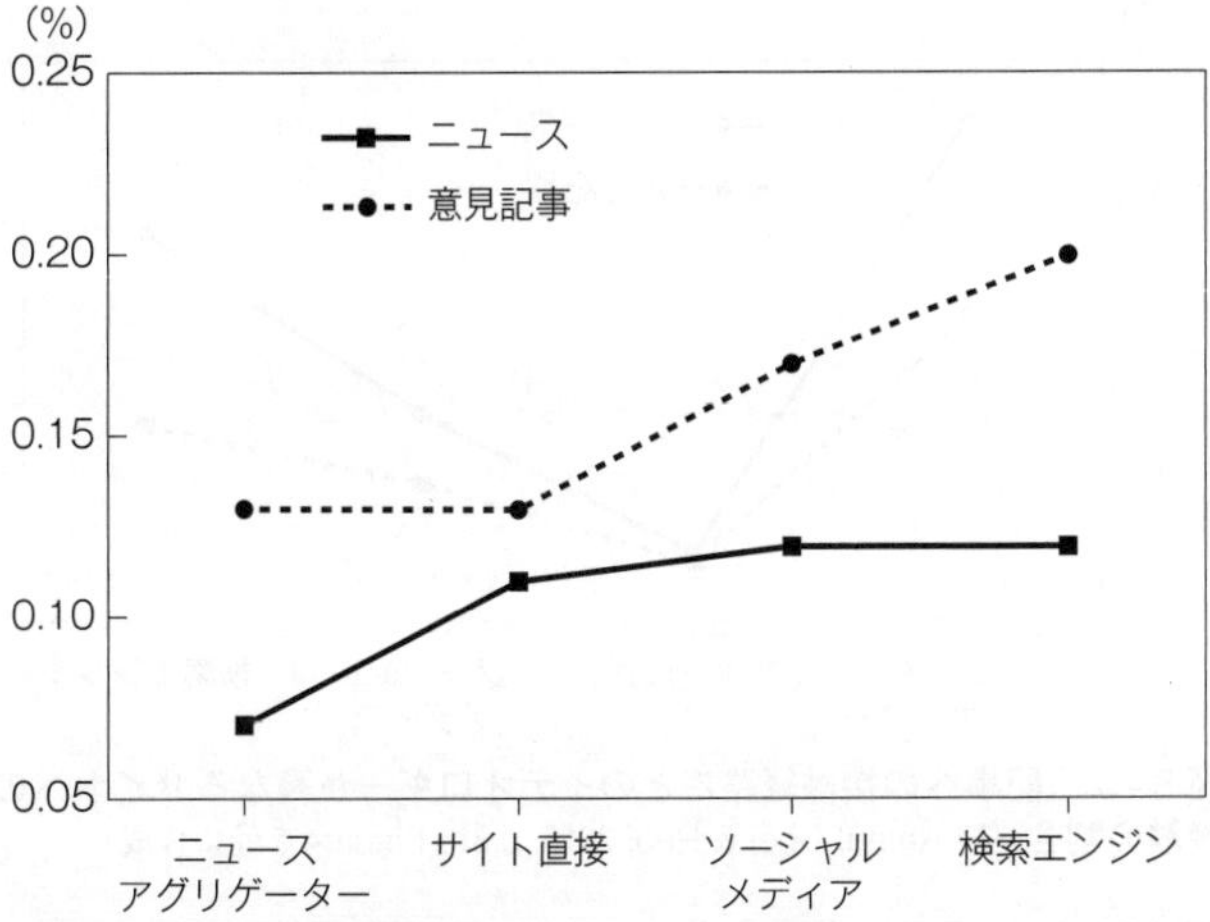

図５-４　記事への接触経路の違いによるイデオロギー的分断の程度
（Flaxman, Goel & Rao, 2016. p.311 Figure3を元に作成）

度）と決して大きくなかったことを述べておく必要がある。

また、図５－５に示したのは、各ユーザーのサイト接触パターンから割り出した、自身とはイデオロギーが異なるサイトへの接触割合について、接触経路ごとに比較したものである。

この図からわかるように、サイトに直接アクセスした場合とくらべて、ソーシャルメディアや検索エンジンを通じて接触した場合のほうが、イデオロギーが異なるサイトへの接触が多くなっている。これは、ブックマークやＲＳＳリーダーなどに登録したサイトに接触する場合は、あらかじめ意識して立場が異なるサイトにアクセスする必要があるのに対して、ソーシャルメディアや検索エンジンを通じた場合には、偶然

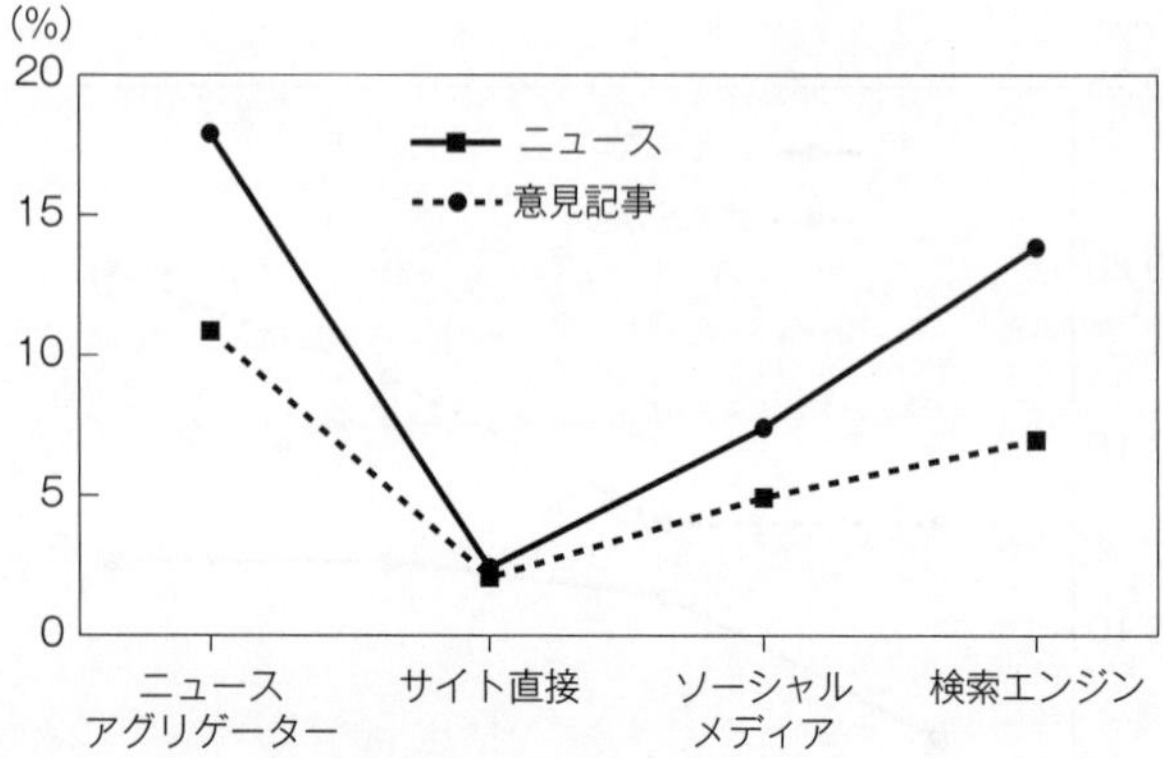

図5-5　記事への接触経路ごとのイデオロギーが異なるサイトへの接触の割合（Flaxman, Goel & Rao, 2016. p.316 Figure4を元に作成）

の接触もある程度含まれることを意味しているのであろう。

さらに、ニュースアグリゲーターについて言えば、図5-4においてはもっともイデオロギーのばらつきが小さく、図5-5においてはイデオロギーが異なるサイトへの接触がもっとも多かった。ニュースアグリゲーターは、エコーチェンバー的な接触をもっとも抑制するサービスと言えそうである。

これらの研究から得られる暫定的な結論としては、エコーチェンバーやフィルターバブルといった、インターネットによって人々の持つ選好が強化される現象は実際に確認できるものの、当初指摘されたほど、その影響は強くないということが言えるであろう。ただし、本書で紹介した代表的な研究が発表された後にも研究は継続されており、インターネット上のサービスの仕様変更や人々のインターネット利用自体に変化が生じていることを鑑みると、今後より深刻な影響が確認される可能性もある。

3　インターネットの理想と現実

最小効果論

「マスメディアは人々がもともと持つ選好を強化する形で影響をもたらす」というのは、クラッパーがまとめた限定効果論の中心であったが、マスメディアは人々の意見を変化させる効果をほとんど持たず、もともと持つ意見を強化する効果を持つにすぎないという意味で、最小効果とも表現される。ただし、前章で触れたその後の研究の展開をふまえると、マスメディアが限定された効果しか持たないのは確かだが、最小効果しか持たないという表現は明らかに言い過ぎであった。マスメディアが最小の効果しか持たないという観点は、議題設定、フレーミング、培養理論といった新しい強力効果論と呼ばれる研究群によって次々と覆されていった。

しかし、ベネットとアイエンガーは、インターネット普及後のメディア環境は、最小効果論の新時代にあると述べている。バラバラの個人に沿った情報が提供される現代においては、どのメディアを選択するかという選好自体がその人がどのような意見を持つかを意味しており、メディア接触後の変化は想定されないということである。ベネットとアイエンガーは、これが限定効果論の時代までに想定されていたマスメディアの説得効果にとどまらず、議題設定やフレーミングといったその後の研究についても当てはまると仮定している。もはや、マスメディアは議題やフレームを設定する力を失っており、新たな理論構築が求められているというのである。

前章で説明した通り、マスメディアが持つ本当の危険性は、党派的に偏向した報道の説得力ではなく、現実認識の構成力にある。そのことを考えると、インターネットの普及がマスメディアの議題設定やフレーミング効果を打ち消すという視点は重要である。まさにこれこそが、マスメディアによるゲートキーピングの独占を打ち破る存在として、人々がインターネットに託した希望であったはずである。

しかし、その後の研究は、「人々がインターネットを利用してマスメディアによる独占を打ち破る」という理想とは程遠い現実を明らかにしてきた。マスメディアのゲートキーピングが予想外に強力であり、インターネットが普及してもなかなか崩れなかったということではない。現実のインターネットは、普及当初に想像されたほど民主的なものではなく、しかも、人々がマスメディアの影響を受けることなく自由に行動すればより良い未来が得られるという前提が、どうやら誤りであったようなのだ。

注意経済

前出のパリサーは、フェイスブックやグーグルといったインターネット上のサービスがパーソナライゼーション技術を用いて競い合うのは、「行動に連動した広告」という同じ資源を奪い合っているからだと述べている。企業の経営上はそうであるとしても、人々の行動について考える際には、政治コミュニケーション研究者のハインドマンが指摘した通り、インターネット上のサービスが奪い合っているのは「人々の注意」であるという捉え方がより有用であろう。

経済学者のサイモンは、１９７０年代初頭に、人々の注意には限界があるため、コンピューターが普及した後の「情報が豊富にある世界」においては、注意の不足が生じる恐れがあると指摘した。この指摘は社会学者のゴールドハーバーやフランクらに受け継がれ、注意経済（attention economy）という概念が提唱された。これは、希少な資源である「人間の注意」を惹くことが富をもたらすことにつながり、注意をめぐる競争が行われるようになるということを意味している。

インターネット普及後の社会において、注意経済という概念を理解するのはさほど難しいことではないだろう。日常的に動画を倍速で視聴している若者たちが大学のオンデマンド配信の講義も倍速で再生すること、（２０２１年には逮捕者まで出たが）「ファスト映画」と呼ばれる映画の内容を10分程度にまとめた動画が大きな経済的損失を生むほど流行したことなど、人々の注意という資源が明らかに不足していることを示す例はいくつもある。また、多くのチャンネル登録者を持つユーチューバーや、多くのインスタグラム（Instagram）のフォロワーを持つインフルエンサーが力を持ち、一部の若者や子どもたちの憧れの「職業」となっていることは、人々の注意を惹くことが富や成功をもたらすことを示している。

インターネット上のサービス提供者は、ユーザーの注意を惹き、長く滞在させ、サイト上で行動を起こさせることによって、より多くの広告収入を得ることができる。しかし、人々の注意は限られているため、サービス間での注意の奪い合いが生じる。ハインドマンは、この競争においては、インターネット普及以前と同様の「規模の経済」の原則が働いており、もはや新規参入者が、グーグルやフェイスブックなどのサービスを抱える巨大企業に勝つことは不可能だというのである。

ゴールドハーバーは、1997年に注意経済という概念を提出した際に、「注意を惹きつけることで金を得ることはできるが、金で注意は買えない」と述べていたが、現実にはそうはならなかった。望む情報が表示されるまでに時間がかかれば、ユーザーはすぐに去ってしまう。サイトの表示時間を最小化するためには、巨大なデータセンターや、張りめぐらされたローカルネットワークが必要となる。また、膨大なユーザーの行動データの分析や、恒常的なサイトのUI（ユーザーインターフェース）デザインについての実験を繰り返してきたサービスは、ユーザーの注意を惹く情報を、注意を惹くことのできるデザインに沿って提供するという点において他を圧倒している。人々の注意を惹くためには、莫大な資金投資が必要なのである。現実のインターネットは、良質な情報を提供さえすれば、誰でも人々の注意を惹き成功することができるというほど、民主的な場所ではないということである。一方で、インターネットが当初想定された理想とは異なったとしても、マスメディアによるゲートキーピングの独占を崩したことには意味があるという主張は可能である。また、人々の注意を惹く情報を提供しているということは、編集者が人為的に提供する記事を選択しているマスメディアとくらべて人々の意向をより反映しているという考え方もありうる。

　メディア・コミュニケーション研究者の祝建華《ジュウジャンファ》が指摘しているように、人々の注意の奪い合いという考え方は、初期の議題設定研究でも強調されていた。議題設定理論を提示したショーとマコームズは、同じ時期に人々が重要だと考える争点（公衆議題）の数は5から7程度であると想定している。争点の数に限りがあるがゆえに、ある争点に人々の注意が集まれば別の争点に対する注意が失われるというゼロサムゲームが成立し、ひいては陽動理論が想定するような人々の国内問題への注意を逸らすために対外危機を強調するといった戦略が有効となりうるのである。

　ちなみに5から7という数字は、認知心理学者のミラーによるマジカルナンバー7（±2）という研究を参考にしたものである。これは、人間が短期的に記憶しておけるのは7つ程度のチャンク（かたまり）に限定されるとする理論だ。たとえば、0798-13-5284といった電話番号は10桁であるが、市外局番、市内局番、加入者番号という3つのチャンクにまとめられるため、多くの人が記憶可能である。ミラーによる7（±2）という数字の設定は暫定的なものであり、その後の研究でマジカルナンバーは4（±1）程度だという知見も提出されている。人間の短期記憶に関する基礎研究の知見を、人々が重要と認識する争点の数にそのまま応用する難しさも考慮すると、5から7という争点の数自体に心理学による裏づけがあるとは言いがたいが、同時期に人々のあいだで取り上げられる争点の数に限りがあるという想定自体は重要である。

人々はどんな情報に注意を奪われるのか

マスメディアによるゲートキーピングの独占が崩れ、議題設定効果が弱まったと仮定しよう。それでは、人々の注意を惹くのはどのような話題であり、注意を惹かなくなるのはどのような話題であろうか。このことを考えるうえでは、フェイスブック創業者のザッカーバーグによる「アフリカで死にかけている人々より家の前庭で死にかけている一匹のリスのほうが、あなたには重要かもしれない」という発言が参考になる。インターネット上でパーソナライゼーションが行われる際に情報を提示する基準はユーザーとの関連性であり、関連性というアルゴリズムが個々のユーザーに沿った情報のゲートキーパーとなるのである。

ザッカーバーグの「アフリカで死にかけている人々」という言葉は、国際ニュースに関心を持つ人が少ないことを表しているが、ヤフー・トピックスの編集長であった奥村倫弘が用いた「コソボは独立しなかった」という表現は、その傾向が日本においても同様であることを示している。奥村は、2008年2月17日にコソボ自治州がセルビアからの独立を宣言した際に、歴史的に重要なニュースとして、ヤフー・ジャパンのトップページで取り上げた。しかし、コソボ独立のニュースのアクセスシェアは翌日分を含めても2％程度であり、アクセス数では、東芝のHD－DVD撤退のニュース、あるいはスポーツ、芸能ニュースなどに遠く及ばなかったというのである。新聞やテレビに触れておらず、ウェブ上でコソボ独立のニュースにアクセスしなかった人々の認識においては、「コソボは独立していない」ということになる。

ザッカーバーグ（写真：AP／アフロ）

もちろん、人々が国際ニュースに関心を持たないのはインターネットが登場する以前も変わらない。新聞においても国際面の記事を読む人は少ないと考えられる。そもそも、親族や普段から交流している人々、同じ集団に所属する人々ではなく、遥か遠い国に住む人々のことを簡単に知り、関心を抱くことが可能になったのはマスメディアが普及した以降であり、人類の歴史のほんの一部にすぎない。そう考えると、人々が国際ニュースを無視するとしても、それはごく自然なことである。

しかし、国際化あるいはグローバル化が進み、われわれの生活が遠く離れた国の人々の生活と直接・間接的に関連を持つ現代だからこそ、マスメディアは国際ニュースを重要なニュースとして取り上げ続けてきたのである。もし、関連性のみを元に人々に表示されるニュースが決定されるとするならば、多くの人にとっては、日本との関連が明確な一部のニュースを除き、国際ニュースがそもそも存在しない状態になるであろう。

国際ニュースだけでなく、政治ニュースもまた、多くの人々が関心を持つとは言いがたいトピックである。先述したように、明確なリベラル派であるパリサーがフェイスブックを利用したところ、リベラルなユーザーの投稿は関連性が高められ、関連性の低い保守派の投稿はフィルターバブルの外に追いやられた。しかし、政治に関心のない人にとっては、保守派の投稿もリベラル派の投稿も、いずれも「アフリカで死にかけている人々」のように、自分に関連性の低い内容だと感じられることは想像に難くない。こと、日本においては、アメリカのように保守・リベラルというイデオロギーと共和党・民主党という二大政党が結びつくような、分かりやすい政党間の対立構造が存在するわけでもない。人々の情報源がマスメディアからインターネットへと変わっていくとすれば、「自民党支持者が自民党に肯定的な情報に囲まれる」「左寄りの人が左派的な情報に囲まれる」といった分断が生じる以前に、そもそも政治ニュースに触れない人々が増加する可能性がある。

人々に届けられるべき情報が、必ずしも人々の見たい情報ではない場合に、「人々が見たい情報を選別して届ける」というインターネットの特徴が社会に不利益をもたらしうる。これは、看過できない問題である。

２００４年に公開された、10年後の未来をあつかった『ＥＰＩＣ ２０１４』という動画がある。このフィクションでは、アマゾンとグーグルが合併したGooglezonという企業が、人々のネットワーク、属性、購買行動、関心を元にパーソナライズされたニュースを、自動生成で作成・提供するＥＰＩＣというシステムを開発し、マスメディアを駆逐する未来を描いていた。もちろんアマゾンとグーグルは合併しておらず、２０２０年代に至ってもニュース記事は自動生成ではなく人間の記者によって書かれているなど、いくつかの点で予測は当たっていない。しかし、この動画が提示する未来が「最良」であり「最悪」であるという指摘、「われわれ自身が望んだもの」であるというメッセージは示唆的である。ＥＰＩＣは「見識を持つ」一部の読者に対しては、これまでよりも詳細で深く幅広い世界の要約が提供されることになる一方で、多くの人には、事実ではなく、浅く狭く、煽情的な情報の寄せ集めが提供される。それでも、ＥＰＩＣは「自らが関心を持つ情報を提供してほしい」というわれわれの希望に沿ったシステムだというのである。

「政治ニュースなんて見たくない」を叶えるメディア

政治学者のプライアーが２００７年に発表した“*Post-broadcast democracy*（ポスト・ブロード

キャストの民主主義）』という著作は、人々の選好に沿った情報が提供されることによる影響を、社会調査データを用いて検証したものである。この書籍では、民主主義の隆盛が、実は地上波テレビが中心となる特定のメディア環境に依存したものであったという主張が行われている。チャンネル数が限定されており、朝や夕方など特定の時間帯にはどの局もニュース番組を流していたからこそ、少なからぬ人々が、政治ニュースに偶然接触していた。ニュース視聴の目的が天気予報やスポーツの試合結果にある場合や、「時計代わり」「沈黙を避けるため」という理由でテレビをつけているだけの場合であっても、自然と人々の目や耳に政治ニュースが飛び込んできた。この視聴行動は、政治ニュースの視聴を目的としない行動が政治についての知識の獲得につながるという意味で、「副産物的政治学習」と呼ばれている。１９５０年代から１９７０年代にかけての地上波テレビが中心となった時代においては、副産物的政治学習が最低限の政治知識や関心を下支えすることで、多くの人々が投票に足を運んでいたという。

しかし、アメリカでは１９８０年代からケーブルテレビ、１９９０年代からはインターネットが普及し始め、様相が徐々に変化し始める。これらのメディアは選択肢が無数にあり、どんな時間帯であっても、ドラマ、音楽、スポーツ、アニメなど、好きな内容に触れることができる。このような状況において、もともと政治に関心を持たない人々は、政治ニュースに一切触れずに生活することが可能になる。一方で、政治ニュースに関心を持つ人々は、ケーブルテレビのニュースチャンネルやインターネットを駆使することで、より多くの情報を得ることが可能になる。つまり、メディアの選択肢が増えることで、人々の選好が直接的に視聴行動に反映されるようになり、政治との関わりが二極化されていったということである。

プライアーはこのことを無作為に抽出された対象者への2波のパネル調査データにもとづいて検証している。分析の大枠は、回答者の娯楽志向（ニュースよりも娯楽番組を好む志向）を測定し、娯楽志向と政治知識の関連の強さが、どのようなメディアを利用しているかによって異なるかを検証するというものである。回答者の娯楽志向が政治ニュースの回避と直接的に関連してしまうならば、娯楽志向が高いほど政治知識は少なくなる。娯楽志向が高くとも副産物的政治学習を行っているならば、娯楽志向と政治知識の関連は緩やかになる。

娯楽志向については、①SF、コメディ、ドラマ、ソープオペラ（メロドラマ）、リアリティ番組、スポーツ、ゲームショー、ドキュメンタリー、ニュース、ミュージックビデオといった番組ジャンルを例とともに提示し、好きなジャンルと嫌いなジャンルを選択してもらう手法、および②「音楽チャンネル」「ニュースチャンネル」「映画と娯楽チャンネル」「スポーツチャンネル」のいずれかを1か月無料で利用できる場合に、それぞれのチャンネルを契約する確率を回答してもらう手法を組み合わせて測定している。政治知識の測定においては、直近の政治的出来事や人物および政治システムについてのクイズ形式の質問を、1波では12問、2波では15問出題し、その正解数が分析に用いられた。

この研究で用いられた重回帰分析では、1波の時点での娯楽志向、メディア利用、政治知識

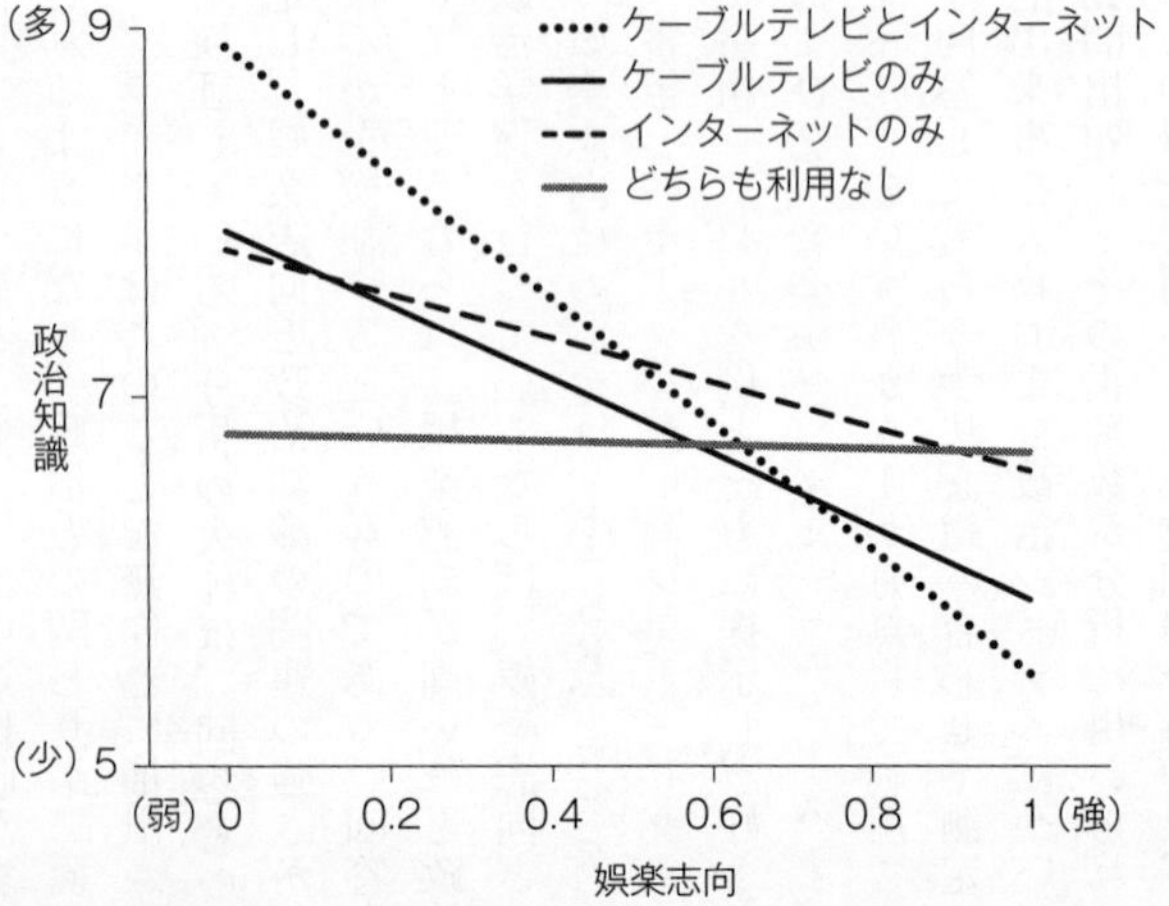

図5-6　娯楽志向と政治知識の関連（Prior & Markus, 2007. p.115 Figure4.4）

を含む複数の変数を用いて、2波の時点の政治知識が予測されている。これにより、メディアに接触することで政治知識を獲得するのではなく、もともと政治知識が高い人がメディアに接触するという逆方向の影響を取り除く。図5－6は、「ケーブルテレビとインターネットの両方を利用している回答者」「いずれかのみを利用している回答者」「いずれも利用していない回答者」の、娯楽志向と政治知識の関連についての予測値を図示したものである。この図を見ると、2つのメディアを両方とも利用している回答者では、娯楽志向が高いほど政治知識が少ないという関連がもっとも強くなり、ケーブルテレビのみの利用者、インターネットのみの利用者がそれに続く。そして、どちらのメディアも利用しない回

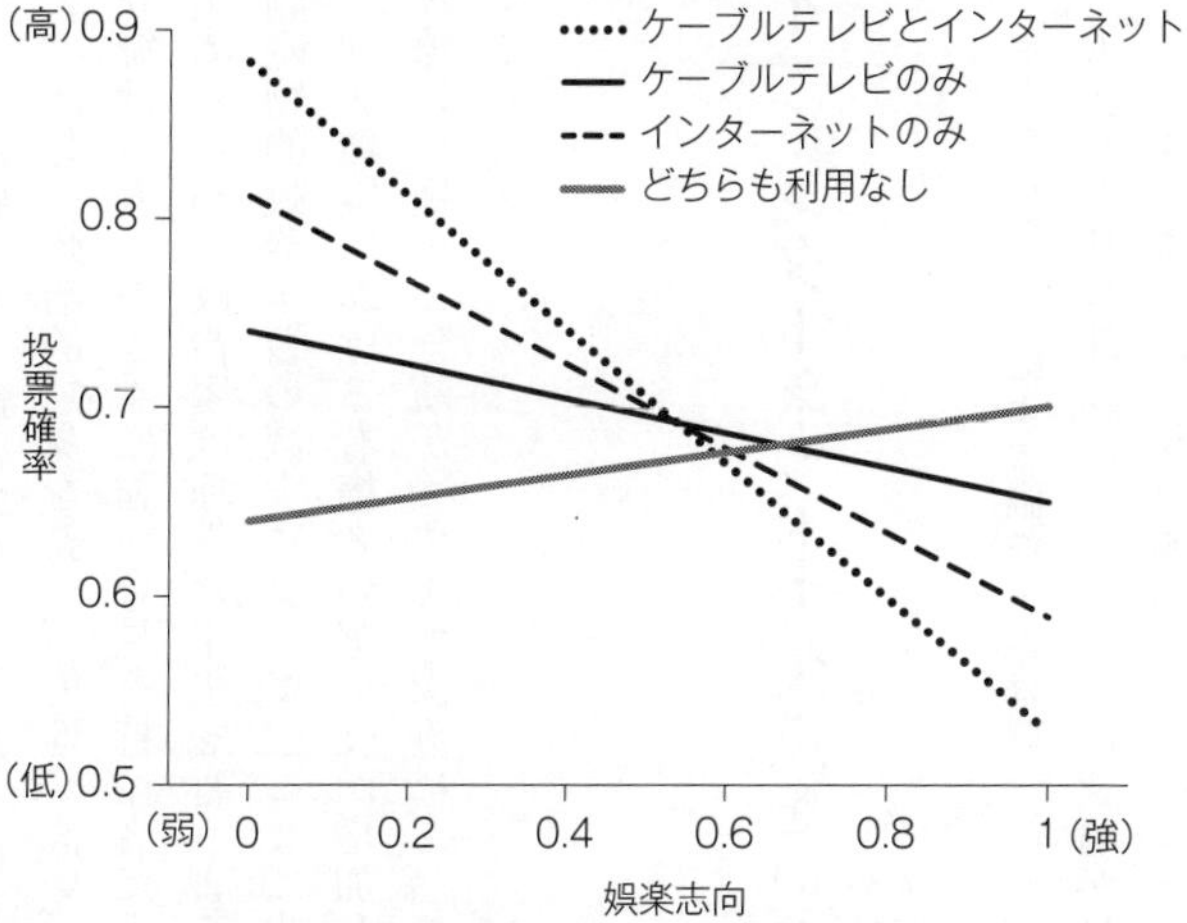

図5-7　娯楽志向と投票の関連 (Prior & Markus, 2007. p.122 Figure4.5)

答者においては、娯楽志向と政治知識の関連はほとんど見られない。また、図5-7は、同様の分析を政治知識ではなく選挙での投票確率で行った結果である。こちらの図においては、インターネットを利用する回答者（ケーブルテレビも併用する回答者を含む）において、「娯楽志向が高いほど選挙で投票する確率が低い」という関連が強くなっている。

プライアーは、メディアに関する選択肢の増加により、人々の選好が政治ニュースへの接触と直接的に結びつくことで起こる人々の政治との関わりの二極化が、アメリカにおける政治的分断の一因であると考えた。人々は副産物的政治学習によって最低限の政治知識を獲得することで、投票に足を運んでいた。このような投票者は多くの場合、中間的な意見を持つ浮動票であったと考えられる。一方で、副産物として政治情報を得るのではなく、自らの選好に沿って政治ニュースに接触する人々は強い政治的意見を持つ可能性が高い。副産物的政治学習が失われるならば、政治と関わり続ける人々の多くは強い意見を持つ者で占められるようになり、そのような有権者の支持を集めるため、政治家は極端な主張を行うようになるというのである。政治の二極化と分断が、副産物的政治学習の減少によってどこまで生じているのかは慎重に判断する必要があるが、メディア環境における有権者の選択肢が増加していることは事実であり、またアメリカにおける政治の二極化と分断がますます深刻になっていることから、プライアーの問題提起は注目に値すると言える。

4 インターネットの欠点をいかに補うか

ポータルサイトによる副作用の軽減

著者と小林哲郎は、プライアーの議論が日本にどこまで当てはまるのかを考えるうえで、ヤフー・ジャパンという圧倒的シェアを誇るポータルサイトが日本に存在することに注目した。

前述の奥村倫弘による「コソボは独立しなかった」という表現は、たとえアクセスが少なくとも、平たく言えば広告収入があまり得られなくとも、社会的に重要と考えられる記事を掲載しなければ、日本のネットユーザーの中で「コソボは独立しなかった」ことになってしまうという文脈で用いられたものである。ヤフー・ジャパンのトップページには8本のニュースが掲載されるが、この記事の選択はデータ分析によって自動的に行われるものではなく、人の手を介して行われる。そこでは、パーソナライゼーションは行わず、すべてのユーザーに同じ記事が表示される。そして、「上半分には政治・経済・国際ニュースといったハードニュースを表示する」というルールが存在する。たとえ記事をクリックしなかったとしても、ヤフー・ジャパンにアクセスすれば、8本のニュースの見出しが目に入るであろう。したがって、人々の選好とは無関係に政治ニュースを表示するヤフーへのアクセスは、マスメディアと同様に副産物的政治学習を生じさせると考えられるのである。

この仮説を検証するために2009年と2010年に2つの調査が行われた。これらの調査においては、娯楽志向は「ワイドショーの視聴頻度＋娯楽番組への視聴頻度」を「新聞購読頻度＋NHKニュース視聴頻度＋ワイドショーの視聴頻度＋娯楽番組への視聴頻度」で除するという形で測定された。つまり、メディア接触全体のうち娯楽番組への接触が占める割合が高ければ、その回答者は娯楽志向が強いと判断される。政治知識については、プライアーが用いたようなクイズ形式の質問を用いた。2つの調査で測定法が異なるのは、ポータルサイトへの接触である。2009年の調査では、ポータルサイトへの接触の有無を回答者に直接尋ねたが、2010年の調査においては、ネットレイティングス株式会社が取得した実際のアクセス記録データを用いて、回答者がヤフー・ジャパンにアクセスしているかどうかを測定した。

その結果、2009年の調査では、ポータルサイトを利用していない回答者は、娯楽志向が強いほど政治知識が少ないという明確な関連が見られるものの、利用している回答者においては、娯楽志向と政治知識のトレードオフが緩やかであった。図5－8は2009年の調査における分析結果を図示したものである。実線はポータルサイトを利用している回答者、破線はポータルサイトを利用していない回答者における娯楽志向と政治知識の関連の予測を表している。2010年の調査でも、ヤフー・ジャパンを利用していない回答者においては、娯楽志向が強いほど政治知識が少ないという明確な関連が見られるものの、ヤフー・ジャパンを利用している回答者においては、そのようなトレードオフは見られなかった。

ただし、この研究には問題点もある。1つは、娯楽志向の測定方法がプライアーの研究とはまったく異なる点であり、もう1つは、ポータルサイトに接触している場合に娯楽志向と政治知識の関連が緩やかになるという結果は示しているものの、ポータルサイトに接触することで、娯楽志向の強い人々であっても政治知識を獲得することができるという因果関係を直接的に検証できているわけではないということである。

前者については、著者と社会心理学者の三浦麻子が2014年と2015年に行った調査に

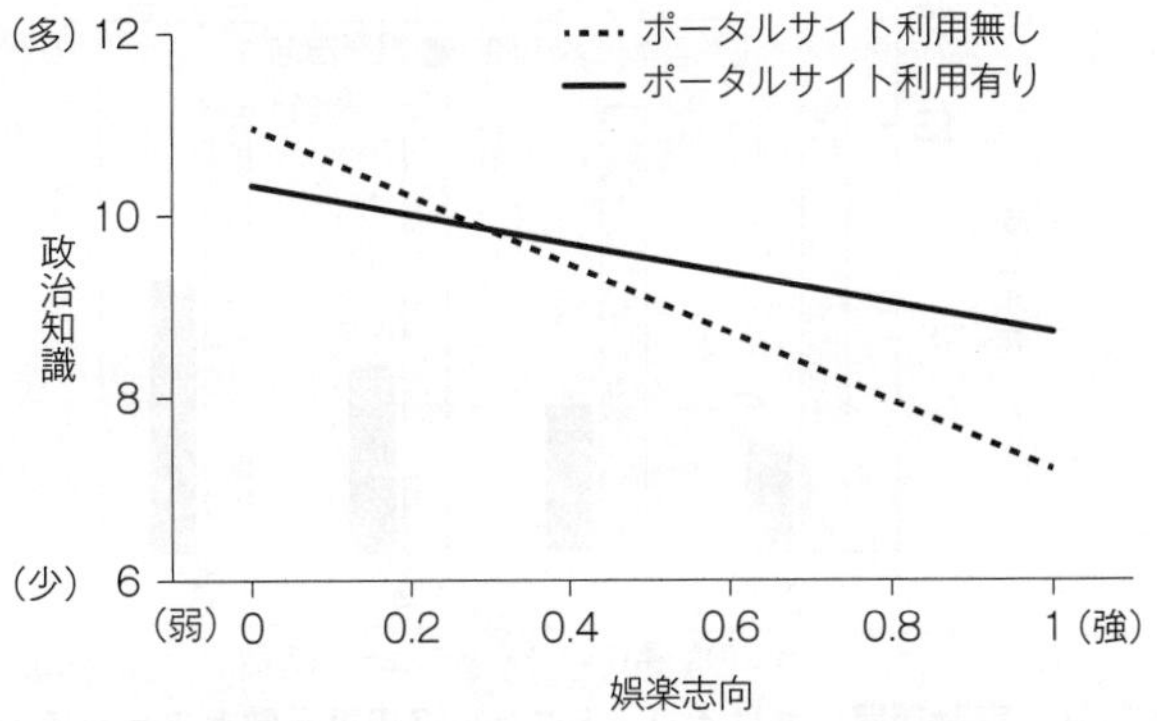

図5-8　娯楽志向と政治知識の関連（Kobayashi & Inamasu, 2015. p.491 Figure2を元に作成）

おいて、番組のジャンルを列挙して見たい番組を選択する方法による娯楽志向の測定を行った。その結果、ポータルサイトに接触している場合に娯楽志向と政治知識のトレードオフが緩やかになるという知見は再現されており、ポータルサイト利用の有無による娯楽志向と政治知識の関連度の差は、娯楽志向の測定方法に左右されず頑健に見られることが確認された。

後者については、小林哲郎と経済学者の星野崇宏、社会心理学者の鈴木貴久がフィールド実験による検証を行っている。この実験では、普段からヤフー・ジャパンを利用している回答者にヤフー・ジャパンのトップページに表示されるニュースを変更するプログラムをインストールしてもらった。そのうえで、回答者をランダムに4群に分け、それぞれに政治・国際ニュースといったハードニュースを0本、2本、4本、6本表示させるように設定した。回答者には、

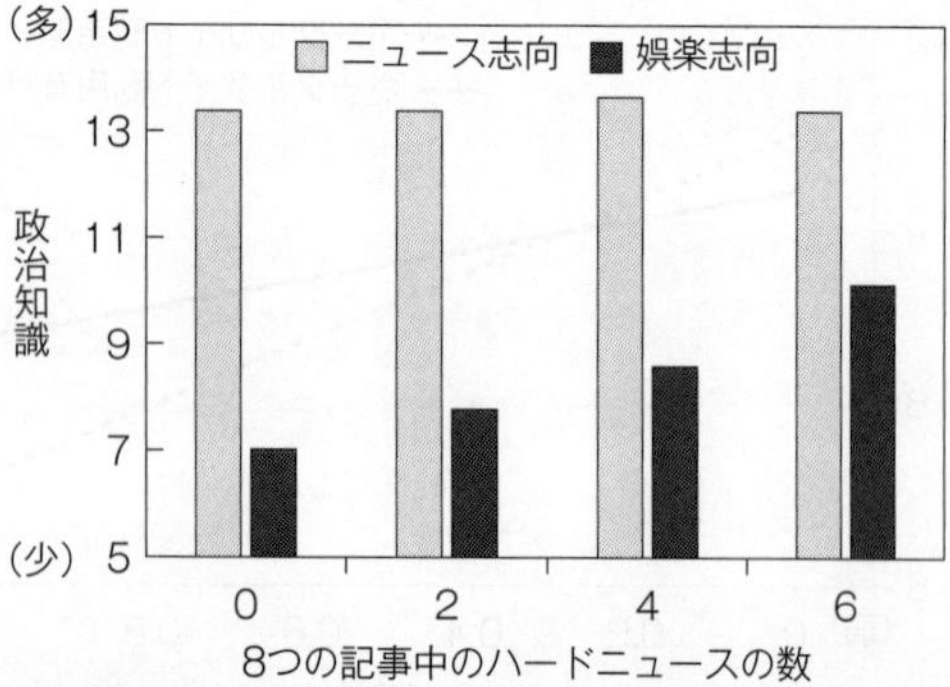

図５-９　実験期間におけるハードニュースの表示数とニュース・娯楽志向による政治知識の違い（Kobayashi, Hoshino & Suzuki, 2020. p.740 Figure1を元に作成）

２０１２年12月から２０１３年３月まで、このプログラムをインストールした状態で通常通りインターネットを利用してもらい、実験期間終了後に政治知識を問うクイズへの回答を求めた。

図５-９に示したのは、各群の回答者における娯楽志向の者とニュース志向の者（娯楽志向が弱い者）の実験期間終了後の政治知識数である。この結果を見ると、ハードニュースの表示数が多いほど、娯楽志向であっても政治知識クイズの正解数が多くなっており、ニュース志向と娯楽志向の回答者のあいだで政治知識の差が小さくなっている。また、この研究ではハードニュースの表示数を変えるプログラムをアンインストールし、実験を終了した２か月後の２０１３年５月にもフォローアップ調査を行っているが、その際にもハードニュースの表示によって娯楽志向とニュース志向の回答者の政治知識の差を縮小する効果は残存していた。このことから、ポ

ータルサイトに本人の選好とは関係なくハードニュースを表示させることによって、娯楽志向の人々も政治知識を獲得できることが示唆されている。

さまざまな事業者によるニュースをまとめて提示するポータルサイトは、ニュースアグリゲーターの一種であるが、本章の図５－４、図５－５に示した計算社会科学の研究においても、ニュースアグリゲーター経由の接触は、イデオロギー的分断が少なく、イデオロギーが異なるサイトへの接触が多かった。したがって、ニュースアグリゲーターは、政治的立場であれ、娯楽志向・ニュース志向といったものであれ、人々の選好にもとづく強化がもたらすインターネットの副作用を軽減する働きを持つと言えるであろう。

これは、ポータルサイトなどのニュースアグリゲーターが、インターネット上のサービスでありながら、以下に述べるようなマスメディアとしての特徴を持つがゆえである。１つ目は、日本におけるヤフー・ジャパンに代表されるように、利用者の規模が大きい（マス）という点である。２つ目は、これらのサイトに掲載されている記事の多くは、テレビ・新聞といった既存のマスメディア事業者によって作成されたものであるという点である。そして３つ目は、個人の選好のみにもとづくパーソナライゼーションによって表示する記事を決定するのではなく、多くの人が知るべきだと考えられる重要なニュースをすべてのユーザーに等しく表示しているという点である。

インターネットとマスメディアの融合

先述した『EPIC2014』の筋書きでは、Googlezon が開発したニュースアグリゲーターであるEPICは、ウェブ上に存在する無数のニュースを元に自動生成によって記事を作成するため、マスメディア事業者に掲載料を頑なに支払わない。これに抗議して、ニューヨーク・タイムズ社は著作権法違反として Googlezon を訴えるが、裁判に敗れたニューヨーク・タイムズ社がウェブ上から撤退する――そんな未来が描かれた。この動画が公開された2004年は、マスメディアとインターネットの対立関係が強調されていた時期であり、巨大な力を持つマスメディアに対してすさまじい勢いで切り込む新興勢力のインターネットという構図は、人々の関心を惹くものであったのであろう。しかし、現代においてその対立構造を過度に強調することは、現実を見誤ることにつながる。

『EPIC2014』は「他の道があったであろう」という言葉で締めくくられるが、現実の2014年もとうに過ぎた今となって振り返れば、現実の中で「他の道」が示されていることに気づく。2000年代の中ごろまでは、ブログや市民メディアがニュース発信者としてマスメディアの地位を脅かすかのような言説も存在したが、継続的にジャーナリストを育成し、ニュースを発信し続ける既存のマスメディア事業者の役割を代替する存在とはなりえなかった。

結局、人々のボトムアップによる情報発信のみではメディアは成立せず、ジャーナリストなどによる取材・執筆と専門家によるトップダウンの編集が必要となることは、新しい技術が社会にもたらす変化（もっといえば、新しい技術が作る未来）について楽観的に描く雑誌『ワイアード（Wired）』を創刊したケヴィン・ケリーですら、認めざるをえなかった。なお、政治家などのニュース当事者によるSNSを通じた情報発信は盛んに行われているが、これは自らが伝えたい情報のみを発信する広報であり、たとえば汚職や不祥事などの本人が伝えたくない情報も伝える報道とは異なる。また、記事の自動生成を行う自然言語処理の技術がいかに進歩したとしても、日々変化し続けるニュースについて、人間の手によって書かれた良質なデータが供給され続けない限り、記事を生成し続けることは難しい。

むしろ、記事の自動生成技術は、世論を特定の方向に誘導することを目的とするフェイクニュースを大量に作り出しうる技術として警戒されている。記事の質が問われず、人々の注意を惹くことを最大の目的とするフェイクニュースは、自動生成技術と相性がいいのである。自動生成技術は、マスメディアに対する脅威になるというより、フェイクニュースという、マスメディア、インターネットを問わずニュース発信に関わる事業者が共通して取り組むべき脅威を生み出しうる存在となっている。結果的に、ニュースアグリゲーターにとって、マスメディアが発信する記事は依然として重要なコンテンツであり続けている。

ここで問題となるのは、『EPIC2014』でも焦点があてられたように、マスメディア事業者にしかるべき対価が支払われるかどうかである。もし、ヤフーなどのニュースアグリゲーターが記事を買い叩くならば、彼らはジャーナリストの育成と記事の作成について、マスメディアにフリーライドしていることになる。それにより、マスメディア事業者が利益を上げることができなくなれば、ポータルサイトなどに掲載される記事の質は低下し、ニュースアグリゲーターも共倒れすることになる。一方で、しかるべき対価が払われるならば、マスメディアとインターネットの共存共栄は可能だ。いうまでもなく、「民主主義社会にとって必要な情報が提供され続ける」というわれわれの利益にかなうのは、後者の道であろう。

インターネットにおける公共性の追求

ニュースアグリゲーターたちは、インターネットの武器であるパーソナライゼーションを部分的に封印し、マスメディア事業者と協働することで、インターネット空間に公共性を取り戻そうとしているが、ユーザーの選好と関係なく社会的に必要な情報を届ける試みの実施は、ニュースアグリゲーターに限定されるわけではない。パーソナライゼーションを促進する代表者としてパリサーに批判されたグーグルも、たとえば国政選挙の投票日には、すべてのユーザーに対して投票所に足を運ぶことをうながすロゴをトップページに表示させる。また、Google ChromeやアップルのSafariといった検索エンジンに、シークレットモードやプライベートモードといった、ユーザーの行動が記録されない、つまりはパーソナライゼーションに必要な情報がインターネット事業者に提供されない状態で使用できる機能が備わるようになってきている。加えて、ブロックチェーン技術を利用して、中央集権型ではなく分散型のインターネットを目指すウェブスリー（Web3）という概念も生まれており、その一環として、広告やトラッキングの除去を謳う次世代型ブラウザ（Braveなど）が登場している。

２０１０年代以降、「インターネットの普及により、マスメディアによるゲートキーピングの独占が崩れ、個人が望む情報が提供される」という言説は鳴りを潜め、選好にもとづく強化が招く問題が指摘されるようになった。これに対応する形で、インターネット事業者は、個人にパーソナライゼーションにもとづく関連性の高い情報を提供するだけでなく、民主主義社会を持続させるうえで必要な情報を個人の選好とは無関係に届けるという責任についても意識するようになってきたのである。

もちろん、記事提供への対価が不十分である点や、検索エンジンにユーザーの行動を記録させない設定のやり方が人々に周知されていない点など、いくらでも問題点は挙げられる。だが、それらについては問題提起・批判にさらされる中で、少しずつ改善されていけばよい。新聞が登場した当初は、目先の利益だけを追求する事業者による非常に質の低い記事で溢れていたが、批判にさらされ続けることで、一定の質を保った記事を作成する事業者のみが残り、マスメディアが現在のごとき役割を担うようになった。同様に、インターネットメディアに対しても、質の低い事業者をふるいにかけ、社会的な責任を果たす事業者のみが残存する流れを作っていく必要があるのではないだろうか。

それを伝えるのがマスメディアであれインターネットであれ、問題のある記事やサービスは当然のことながら批判されるべきである。しかし、テレビや新聞を批判することは「インターネットさえあればこれらのマスメディアは必要ない」ということではなく、また同様に、インターネットを批判することは「マスメディアしか存在しなかった時代に戻れ」ということではないはずである。残念ながらマスメディアとインターネットの対立構造が強調されるあまり、このような言説が跋扈《ばっこ》してきた。人々にとって社会にとって、より良いメディア環境を構築するという目的に沿って考えるならば、個人が望む情報を提供することと社会にとって重要な情報を提供することは、いずれも欠かすことができない。インターネットとマスメディアは、それぞれの長所を活かして、時に協働し、時に分業することで、その責任を担うべきである。

インターネットは相対的には新しいメディアではあるが、World Wide Webの登場からすでに30年以上が経つ。グーグルやアマゾンの創業も20年以上前のことである、物心ついたときからインターネットが存在していた世代をデジタルネイティブと呼ぶが、今後はこの言葉すら死語となり、多くの人にとってインターネットもマスメディアと同様に、物心ついたときから存在していたメディアとなっていくことは確実である。また、インターネットはもはや若者のメディアではなく、すべての世代が利用するメディアとなりつつある。このような状況においては、「巨大な既得権者であるマスメディアと挑戦者としてのインターネット」といった構図によって、インターネット事業者の社会的責任を免除し続けるわけにはいかない。また、「善なるインターネットが悪なるマスメディアを打ち破る」という結論に向かって「動機づけられた推論」を行うならば、現実を正確に把握することはできない。われわれはマスメディアvs.インターネットという対立構造にもとづいてメディアを語ることから、そろそろ脱却すべきなのではないだろうか。

第6章 メディアの未来、社会の未来
――「健全な民主主義」のための役割

ここで、第1章から第5章までに紹介してきた研究が提示するマスメディア像について、あらためてまとめてみよう。

マスメディアは無制限に強力な効果を持つわけではない。人々の意見を変える説得効果は小さく、もともと持つ意見の強化がマスメディア効果の中心である。それにもかかわらず、「偏向したマスメディアに人々が流される」という言説が広く流通しているのは、人々の認知的バイアスによる面が大きい。ただし、マスメディアは「何を伝え、何を伝えないか」という情報の選択（ゲートキーピング）を通じて、人々の現実認識を構成する効果を持つ。それに対して、インターネットは、個々人が望む情報を届けることで、マスメディアによるゲートキーピングの独占を崩す力を持つ。しかし、個人が見たい情報だけに触れることには弊害があるため、インターネット事業者はマスメディア事業者と協力しながら、人々の見たい情報だけでなく、見るべき情報も届けるようになっている。

これらをふまえて本書が提示する結論は、人々のステレオタイプによって不当に貶《おとし》められているけれども、やはりマスメディアは社会にとって必要な存在である──というものである。もし、この結論だけを先に読んだならば、「この本には読む価値はない」と思って、そこで本書を読むのを止める読者もいるかもしれない。一見すると、本書は時代遅れの騎士道精神にのめりこむドン・キホーテの如く、今さらマスメディアを擁護する愚かな試みとして、嘲笑の対象となってもおかしくない。以前、学会の場で、マスメディアの実務家から「数少ないマスメディア擁護派」と言われたことを記憶している。しかし、実はマスメディアの必要性を主張する著者の立場は、少数派とも言えないのである。

人々はマスメディアに期待しているのか

本書「はじめに」の冒頭で紹介した通り、著者が社会心理学者の三浦麻子・安野智子、NHK放送文化研究所とともに行った調査では、新聞社やテレビ局を信頼しない人は6割を超えていた(図6-1)。しかし、同じ調査の他の質問項目への回答には、マスメディアへの信頼や期待の高さが垣間見える結果もあった。たとえば、テレビのニュースについては、15・1%が「とても信頼している」、58・2%が「まあ信頼している」と回答しており、新聞の記事につい

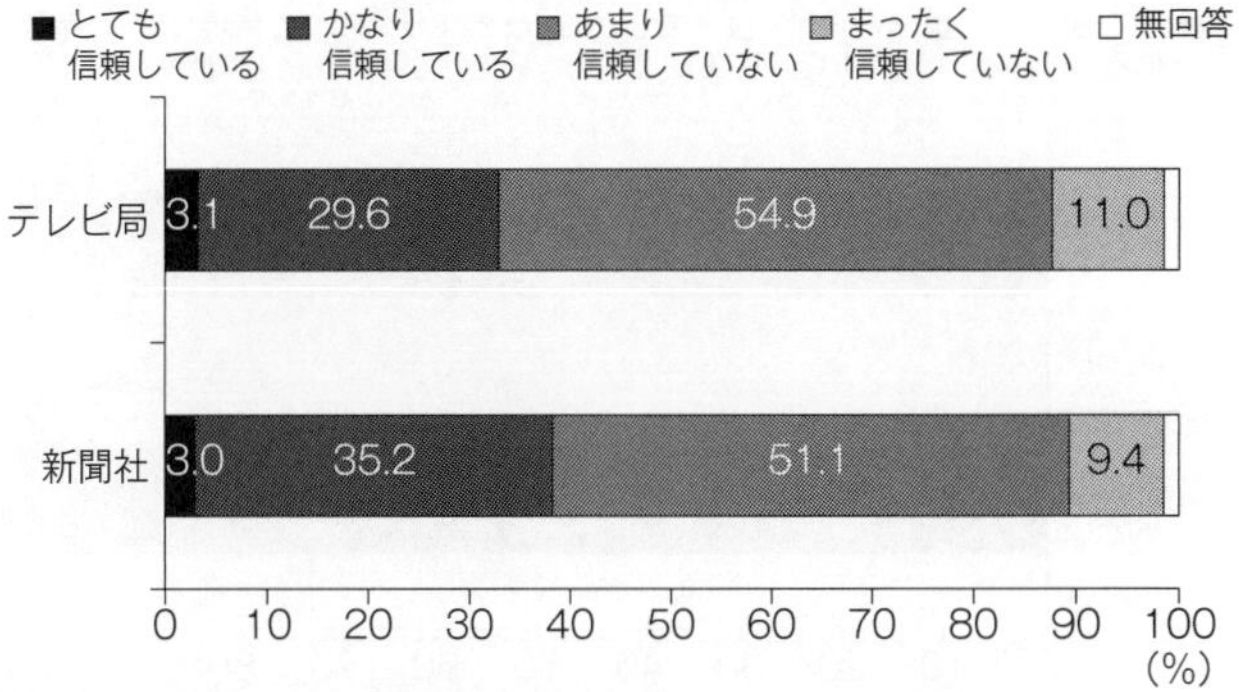

図6-1　テレビ局・新聞社への信頼度

ては、13・1％が「とても信頼している」、57・8％が「まあ信頼している」と回答している。これらの項目は5段階の選択肢で尋ねられており、「どちらともいえない」という中間の選択肢が存在するにもかかわらず、マスメディアにとってポジティブな選択肢を選んだ回答者が7割以上に達していたのである（図6－2）。また、「テレビ・新聞があるから国民の声が政治に反映される」という質問に対して、「そう思う」あるいは「どちらかといえばそう思う」と回答した者の割合は57・0％であり、国民の声を政治に反映させる役割の認識は、インターネットの36・5％、国会の39・5％、政党の41・3％を上回り、選挙の57・3％に肉薄している（図6－3）。つまり、テレビ局や新聞社という情報の発信者を信頼する人は少数派であるものの、情報の中身を信頼する人は多数派であり、また、マスメディアが民主主義において重要な存在であるという認識を持つ人も多数派であった。

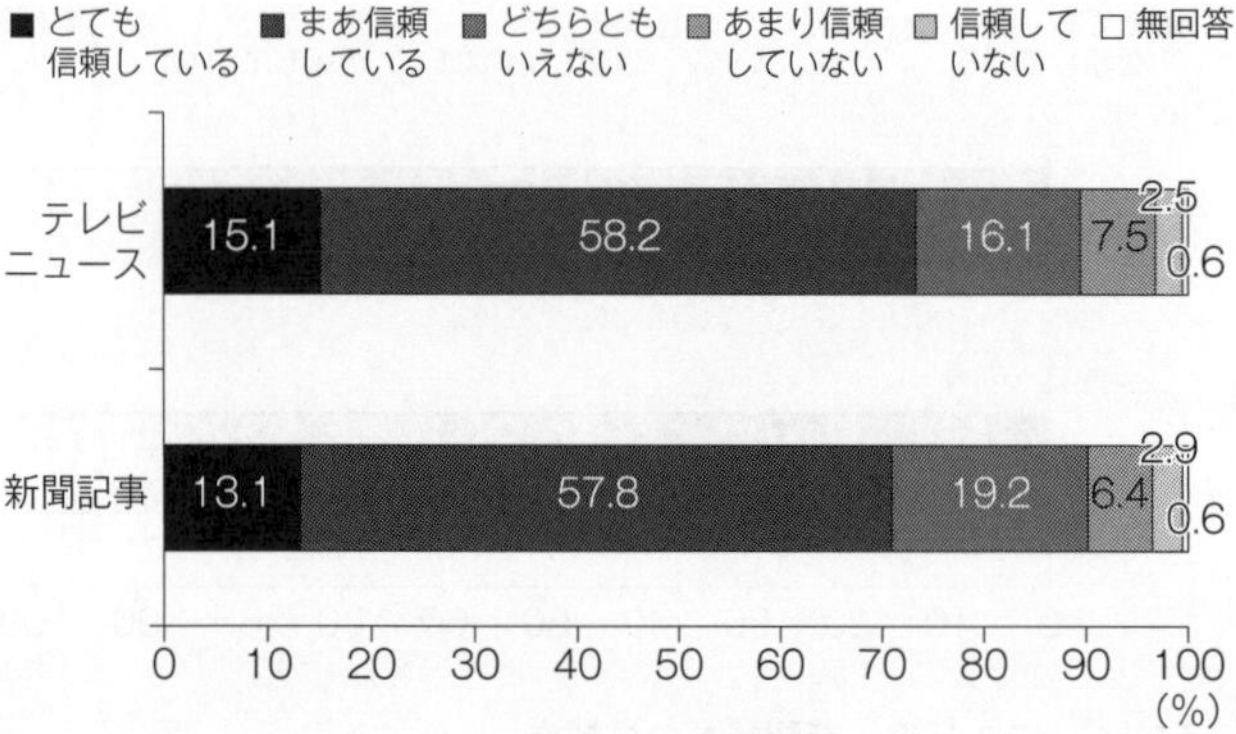

図6-2　テレビニュース・新聞記事への信頼度

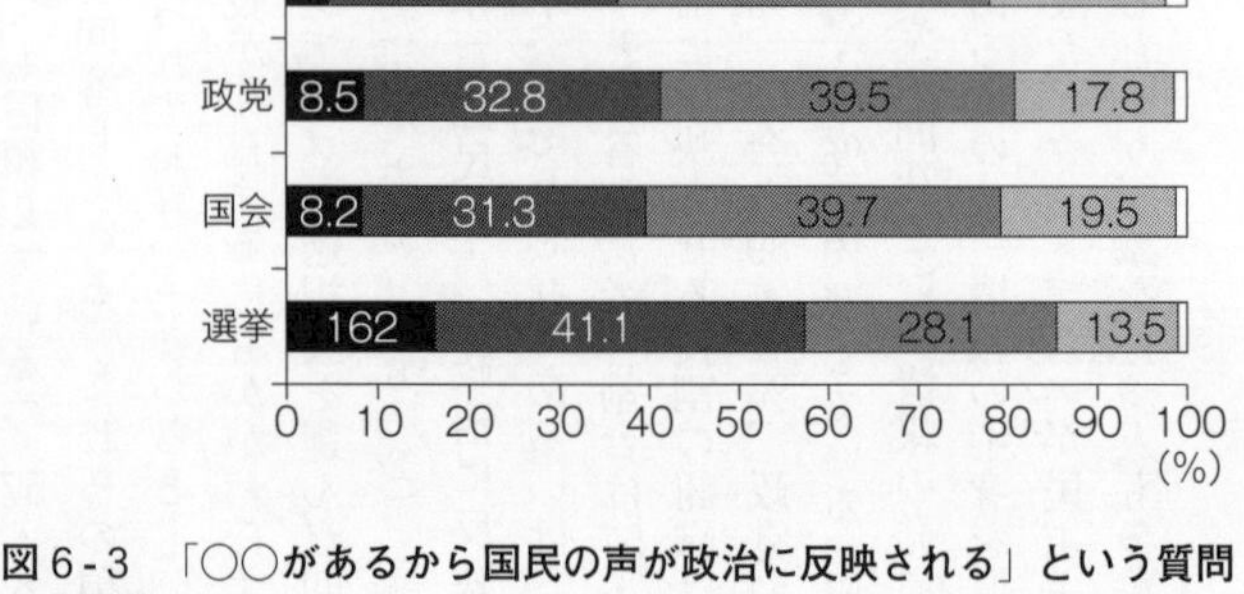

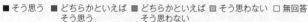

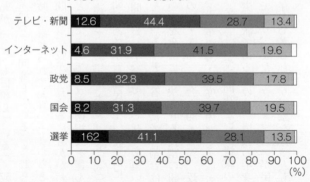

図6-3　「○○があるから国民の声が政治に反映される」という質問への回答

テレビ局や新聞社を信頼する人が少ないという調査結果は、当の事業者にとっては深刻な問題かもしれないが、マスメディアが発信する情報が一定の信頼を得ており、また、マスメディアの社会的役割を人々が認識しているという結果は、マスメディアの未来が絶望的なものではないことを示している。今後、マスメディア事業者による情報発信のほとんどの部分が印刷された新聞やテレビではなく、インターネット上で行われるようになる可能性はもちろんある。あるいは2013年に、米有力紙であるワシントン・ポストが、アマゾンの創設者であるベゾスによる買収に活路を見出したように、経営者の交代が必要となることもあるかもしれない。それでも、マスメディアが存続することは、人々の期待にも利益にもかなうことである。

メディア効果論からメディア環境論へ

最後に、本書が立脚するメディア効果論、つまりは、人々がメディアに接触することで生じる効果をあつかう学問分野の未来についても考えてみたい。それは次代の研究者たちへの道標となると同時に、メディアと社会の未来を考えることにもつながるはずである。

個別の報道、個別のメッセージへの接触がもたらす効果の検証は、今後も一定の意味を持ち続けるであろう。たとえば、政治学者の善教将大は、2021年の大阪都構想住民投票では（巷説に反して）マスメディアによる報道が影響力を持たなかったという分析結果を示している。ここまで読んでもらえれば分かるように、この結果はメディア効果論にとって目新しい知見というわけではない。それでも、現実にわれわれの目の前に展開されている政治とメディアの関連を理解するうえで、こうした検証は有用である。

しかし、個別の事例においてメディアの効果を検証するだけであれば、何もメディア効果論という学問分野が存在する必要はない。たとえば政治や消費者行動など、メディアが効果を及ぼす対象についての学問分野が存在すれば十分である。また、人々がソーシャルメディア上を流れていく無数の投稿に触れている状況を考えると、個別のメッセージへの接触効果を検証することは方法論上、困難だといえる。このことは、インターネット普及以降のメディア効果論研究の停滞と無関係ではない。

別の方向性のひとつは、これまでに明らかにされてきたメディア効果論の知見が、時代や国を越えて適用できるのかを検証することである。たとえば、第4章で取り上げたマスメディアのプライミング効果に関して、2015年に小林哲郎・三浦麻子と著者は、アイエンガーらが1980年代に行った実験を日本に置き換えた追試を行ったが、この実験ではプライミング効果の存在を示す結果は得られなかった。この結果についてアイエンガー自身の前で発表したところ、彼は「インターネット登場後のメディア環境の変化によって、長時間ニュース映像だけを見続けるという実験状況が、人々にとって負担の大きいものになったことが、結果が再現されなかった原因ではないか」と解釈した。このように、人間や社会を対象とする社会科学においては、過去の一定の時期において示された研究結果が、過去の研究の不備や見過ごされていた新事実の発見だけではなく、研究対象自体の変化によって覆される可能性がある。本書で紹介した知見も、メディア環境の変化とともに覆される可能性はあり、また、新しい技術の登場がメディア環境を激変させる可能性もある。だからこそ、われわれメディア・コミュニケーション研究者たちは、これからもメディア利用が人々にもたらす影響を検証し、それを社会に発信する不断の営みを続けていく必要がある。過去の研究の追試は、科学にとって欠かせないものである。とはいえ、もしメディア効果論に残された仕事が過去の研究の追試だけであるならば、この研究分野は「オワコン（終わったコンテンツ）」と言われても反論が難しい。

それでは、今後のメディア効果論はどうあるべきか、この点について著者は、本書で振り返ってきた歴史の中にヒントがあると考える。第4章で紹介した新しい強力効果論は、マスメディアによって選択された情報で構成される疑似環境が人々の認識に影響を与える過程をあつかう研究群として整理できるし、第5章で紹介した選好にもとづく強化は、人々を取り巻くメディア環境がニッチな情報に溢れていたり、パーソナライズされた情報を提供したり、選択肢が多かったりすることの影響をあつかっている。つまり、選好にもとづく強化という結果をもたらす原因として想定されているのは、個別のメディアへの接触ではなく、人々を取り巻くメディア環境だということである。このように、個別の接触ではなく、メディア環境に注目することは、研究上も、あるいは日常における人々のメディアとの付き合い方を考えるうえでも有用である。

われわれが環境という言葉をよく見聞きするのは、大気汚染や水質汚濁、地球温暖化など、いわゆる環境問題に関わる事項においてだろう。日本では高度経済成長期に公害が大きな社会問題となったが、その後、公害問題はより大きな地球環境問題の一部として位置づけられるようになった。両者の大きな違いのひとつは、公害問題においては加害者が特定の企業など明確であるのに対して、地球環境問題においては、一般市民（消費者）を含むさまざまな存在が、被害者であると同時に加害者でもあり、その解決における責任を担うべき存在でもあるという点にある。この環境問題とのアナロジーは、メディア環境の問題を理解するうえでも有用であると考えられる。

明らかに有害な番組や記事、メッセージはいわば公害である。発信者を批判し、謝罪を行わせる、取り下げさせるといった対応ができる。マスメディアやソーシャルメディアを通じて伝えられた発言が「炎上」して、発信者が謝罪し、発信内容を取り下げるといった出来事は、もはや見慣れた光景である。また、近年では、SNS上で人を傷つける発言に対して、法的責任が認められるケースも増えてきた。

一方で、メディア環境の問題は、加害者が明確ではない。たとえば、選好にもとづく強化が進行するのは誰のせいなのだろうか。グーグルを運営するアルファベット社か、フェイスブックを擁するメタ・プラットフォームズか、個人の選好に沿った情報を表示するために人々の行動を分析するデータサイエンティストか、マスメディアの記事を買い叩くニュースアグリゲーターか、それとも、本来の責任を果たすことができていない〝だらしない〟マスメディアのせいなのか――もちろん、自身と意見が異なる他者をSNSでフォローしようとしない個人も、メディア環境構築の責任の一端を担っているということを忘れてはいけない。

加えて、メディア環境によって生じる問題は、個人への誹謗中傷のように、明確な被害者が特定できる類のものではない。メディア環境が社会に悪影響を及ぼし、結果として個人に被害をもたらすとしても、それは一見して分かるものではない。二酸化炭素の排出が直ちに人々を海に沈めることはないのと同じである。

このように、メディア環境によって生じる問題は、その加害者や責任者が多岐にわたっており、その被害も目に見えにくい形で生じるからこそ、どのようなメディア環境が社会にどのような影響を与えるのか、そしてそのメディア環境はどのように構成されているのかを丹念に解きほぐしていく必要がある。これこそがメディア効果論を担ってきた研究者たちが、次代において取り組むべき課題であるといえよう。

技術決定論を超えて

環境と人間（が構成する社会）との関係をあつかう学問分野なら、メディア生態学（Media ecology）と呼ぶべきじゃないかと思われるかもしれない。この呼称がついた学問分野はすでに存在しており、1960年代に独自のメディア論によって世界的ブームを巻き起こした思想家のマクルーハンに連なるものである。「メディアはメッセージである」というマクルーハンの警句に表されているように、メディア生態学においては、メディアを通じて発信されるメッセージ内容だけでなく、メディアそのものの技術的特性が重要な意味を持っており、それによって人間の意識や社会が形作られると考える。メディアという観点から時代を切り取り、大胆な未来像を提示する研究は、メディア、社会、人間についてのわれわれの認識をあらため、新たなビジネスのヒントを提供し、場合によっては本書があつかってきたようなデータを用いた科学的研究にもインスピレーションを与えるであろう。したがって、「科学的ではない」という言葉でその価値を否定するつもりは一切ない。もし、メディア・コミュニケーション研究がデータを用いた「科学的な研究」のみに限定されるならば、それはとても貧しいものになるであろう。

一方で、メディア生態学に対する最大の批判は、それが技術決定論的である、つまりは新たな技術がもたらされることで不可避的に新たな社会が作られるという観点を持つように見える面があるという点である。本書が提示するこれからの研究像が、メディア生態学と決定的に異なると筆者が考える理由も、この点にある。

2000年代以降の社会心理学は、進化心理学の影響を受け、何万年も前に形成されたヒト（ホモ・サピエンス）の進化的基盤がわれわれの思考や行動を制約していることを明らかにしてきた。現代においてはなぜそのような性質が存在するのかわからない、一見すると当人や現代社会にとって「有害な」性質であったとしても、時を数万年さかのぼれば、それが環境に適応したものであったという例が数多く挙げられている。これをふまえると、生物としてのヒトの性質を無視して、新技術の登場によって人間がまったく別物に変化するかのような議論については、妥当性が乏しいと言えよう。ヒトはアイテムを使用すると別の姿に進化する「ポケモン」のような存在ではない。メディア環境が人間や社会にもたらす影響を考えるうえでも、生物としてのヒトの性質を無視することはできないと考えられる。

一方で、本書は、生物としてのヒトの性質がメディア環境と人間の関係を決定すると考えるべき——つまりは技術決定論ではなく生物決定論あるいは進化決定論にもとづくべき——と主張するものでもない。生物としてのヒトが一定の性質を持つとしても、個人がその存在を具体的な行動へと結びつけないよう自制すること、その弊害を抑える制度を定めること、そして、問題を解決する技術を開発することは可能である。同様に、新たな技術が開発されたとしても、どのような技術を受け入れ、どのような技術を受け入れないのか、その技術を実際にどのように使用するのかについては、人間の主体性が介入する余地がかなり存在している。本書は、技術の進歩による社会の変化を不可避（inevitable）と考える決定論自体に反対する。技術決定論者が「不可避な変化に抵抗する愚かな反動」として嘲笑する「新技術がもたらす未来像への批判」は、人間との相互作用によって技術の受容のあり方を変化させる健全なプロセスの一部だと考える。

メディア環境を守るためにできること

地球環境問題の解決においては、国際的な協定や法律、各国政府の政策や法律、事業者の努力が必要であると同時に、ごみの分別を行うこと、物を長く使うこと、環境負荷の小さな製品を選ぶこと、持続可能な社会に資する活動を行う企業を応援し、そうでない企業を批判することなど、個人の行動が重要となる。同じように、われわれを取り巻くメディア環境を改善するうえでは、政府や事業者だけでなく、個人の行動も重要となる。

限定効果論が受容された際には、人々が「マスメディアに説得されない」ことが「巨大なマスメディアの影響力に抵抗する能動性」として評価された。しかし、それが人々の能動性を一概に表すものではないことは前述の通りである。一方で、情報伝達の手段や内容のバリエーションが爆発的に拡大したインターネット普及後の世界においては、真の意味で人々の能動性が発揮される余地は拡大している。人々が意見を表明する手段は増えており、新聞社やテレビ局だけでなく、コミュニケーションに関わる事業者も多岐にわたる。また、選択肢が多様であるからこそ、どのようなメディア環境を構築するか、具体的には日常的にどのようなメディアに触れ、SNS上で誰をフォローし、どのような情報を拡散するのかという点においても、個人が介入する余地は拡大している。

良いメディア環境が整えられることの重要性を語るうえでしばしば取りざたされる、「インターネット投票の導入」を例に考えてみたい。インターネットでの投票を可能にすることが、若年層の投票率を向上させ、政治を刷新する特効薬になりうるという議論が存在する。確かに、日ごろから利用しているスマートフォンを利用して投票ができるのであれば、若年層が投票を行ううえでのコストは低下するであろう。しかし、インターネット投票が実現して投票のコストが下がったとしても、もし若者を取り巻くメディア環境にまともなニュースが存在せず、フェイクニュースや党派的に偏った情報のみで溢れているとすれば、投票結果は目もあてられないものになるであろう。あるいは、若者を取り巻くメディア環境に、投票意思決定に役立つ政治情報が存在しなければ、投票所に行くコストがなくなったとしても彼らは投票を行わず、投票率は改善しないかもしれない。したがって、インターネット投票の導入が政治や社会の改善につながるかどうかは、どのようなメディア環境が存在するかと不可分なのである。

「私の知る若者たちは、日ごろから関心を持ってインターネット上の政治ニュースを追いかけ、自らも積極的に発信を行っている。だから心配ない」という声もあるかもしれない。だが、おそらく、その若者たちはインターネット投票などなくとも前々から投票を行ってきた（年代別投票率を考えれば）少数派である。地球環境問題が、簡単に住む場所や職を変えることが難しい弱者をまず直撃するように、メディア環境の問題が真っ先に影響を与えるのは、「意識の高い」人々ではない。

本当に政治に関心を持つ人々は、有料チャンネルを契約しなければまともな情報が得られなくなったとしても、政治ニュースを追いかけ続けるであろう。ワールドカップ予選におけるアウェーの日本戦が地上波テレビで放送されなくなったために、スポーツ配信サイトＤＡＺＮ（ダゾーン）を契約した熱心なサッカーファンのように。しかし、より光を当てるべきは、代表戦をテレビで見る程度の緩い関心を持つ人々が試合を見る機会を失うといった、現実に起こっている問題のほうである。

もともと関心の高い一部のファンしか試合を見られなくなったスポーツが、社会においてこれまでのような地位を維持できるのかは分からない。これはスポーツ界にとっては、大きな問題であろう。政治は、当人が好むと好まざるとにかかわらず、すべての人に影響を与えるがゆえに、もともと関心の高い一部の人のみがそれを追いかけることが招く問題の深刻度はスポーツとは桁違いである。それほど高い関心を持たずとも、人々が「見たい情報」ではなく「見るべき情報」を獲得するためのハードルが低く設定されることは、民主主義にとって不可欠だと言える。

メディア環境の改善においてマスメディアが果たすべき役割は「人々が見るべき情報をなるべく多くの人に等しく届ける」ことである。「自分が見たい情報は自分自身が一番よく知っているのだから、見るべき情報をマスメディアが決めるのは傲慢だ」という意見もあるだろう。しかし、個人としては自分の見たい情報を見続ければそれでよいが、すべての人が自分の見たい情報だけを見るようになれば、少なくとも民主主義は機能不全に陥り、結果として個人も不利益を被る。こうした社会的ジレンマ状況を考慮しなければならない。したがって、傲慢に思えても、誰かが情報を選択する役割を担わなければならないのである。

アメリカのトランプ元大統領がその典型であったように、自分に都合の悪い報道を行うマスメディアを攻撃する政治家は今後もわれわれの目の前に現れるであろう。そのとき、果たしてマスメディアへの攻撃は支持できる行動なのか、マスメディアを悪玉と考えることが社会にとってよいことなのかを考えてほしい。また、これからも新たなインターネット上のサービスは次々と登場するであろう。そのまだ見ぬサービスを目の前にしたとき、このサービスは果たしてわれわれのメディア環境を良くするものか、それとも悪くするものか、あるいはどのように受容すればメディア環境の改善につながるのか、という視点を持って眺めてほしい。少なくとも民主主義にもとづく社会を持続可能なものとするためには、良いメディア環境を守ることは必須である。「マスメディアvs.インターネット」「マスメディア＝悪」というステレオタイプを強調することは、メディア環境を悪化させる政治家や企業に力を与えてしまう。

もちろん、ステレオタイプという仕組みが、われわれが認知資源を節約して物事を見るという利点にもとづく以上、それを乗り越えることは容易ではない。少数事例の観察の過度な一般化を避けることを訓練されてきた科学者たちですら、自身の取材経験や特定の番組に対する印象を元に、マスメディア一般について不正確な議論を展開している姿が、SNSなどで散見される。もちろん、私自身、取材を受けた記者に対してムッとすることもあれば、特定の記事や番組に眉を顰《ひそ》めることはある。しかし、その経験は、マスメディア一般を語るには、あまりに乏しく偏ったものである。だからこそ、マスメディアについて理解するうえで、自分自身の経験ではなく過去の膨大な研究の結果を信頼するのだ。

ステレオタイプが強固であることは重々承知しながらも、ステレオタイプを乗り越えることが良いメディア環境の構築において重要だと考えるからこそ、本書ではステレオタイプの解体につながりうる研究結果を紹介してきた。

「マスメディアへのステレオタイプを鵜呑みにするな」

これが、本書が伝えるメッセージである。

あとがき

しばしば、学者による「素人がテレビに出演して専門外の政治についてコメントしている、だから日本のメディアは駄目なんだ。メディアが世論をおかしくしている」といった趣旨の発言を目にする。「でも、あなたもメディアの専門家ではないでしょう」という言葉が喉まで（ツイッターの下書きまで）出かかって、ふと思う。果たして自分は「メディアの専門家」だと胸を張れるのだろうか。

新型コロナウイルス感染拡大、米大統領選、ロシアのウクライナ侵攻などをめぐる、フェイクニュースや陰謀論、インターネット上における世論の「分断」をはじめ、メディア・コミュニケーションについての専門的な知見が求められる局面が続いていることは間違いない。しかし、メディア論を専門として大学に所属し、学生たちに講義する立場にある「メディアの専門家」は、社会に対して発信するに値する専門知識を蓄積し、それを適切に提示することができているのだろうか。そんな自問自答へのひとつの解が本書である。

本書には数多くのメディアの専門家たちが登場するが、その中でも執筆に際して理想としたのは、第2章に登場するクラッパーである。選択的接触やコミュニケーションの二段の流れという限定効果論の核となるアイデアは、ラザースフェルドによってもたらされたものだが、それらがクラッパーによって整理されたからこそ、他分野の専門家や実務家にも参照されやすくなったのである。第4章で紹介した新しい強力効果論以降の研究がまとまりを欠いているように見えるのは、メディアの多様化や研究範囲の拡大も原因であろうが、クラッパーに相当する研究者が登場しなかったから、とも言えるのではないだろうか。

もちろん、1960年前後と現代では研究の数がまったく異なるので、メディアの効果に関わるすべての研究を調べるのは、物理的に不可能である。それでも、専門外の研究者や実務家にも知見を参照しやすく伝えるため、メディア効果論をできるだけ体系化してみようというのが本書の目標であった。

本書の執筆の動機は2つある。1つは、先述の通り、「メディアの専門家」として、今は広く読まれているとは言いがたい古典を含めて、可能な限りまとまったレビューを提示したいという使命感、そしてもうひとつは、メディア研究の世代的断絶を埋め、不在が目立つように見えた次代のメディア効果論の研究者の育成につながるような仕事をしなければという焦燥感である。もっとも、執筆開始当時には、何名かの信頼できる先生方から「新書の執筆は、論文を書くべき若手の仕事ではない」という助言もいただいた。すなわち、まだ三十代前半であった著者が目指すべきはクラッパーではなくラザースフェルド、既存の知見の整理ではなく新事実の発見に時間と労力を注げという忠告である。

本書が完成した今となっては、当時の決断は正しかったと思うが、誤算もあった。第一は、執筆に6年の歳月がかかったがゆえに、私がもはや若手ではなくなってしまったことである。そして、もうひとつの嬉しい誤算としては、有望な若手研究者たちが、次々とメディアの効果研究をあつかうようになってきたことである。中でも、政治学者の三輪洋文さんと金子智樹さんには、第4章で今後の課題として挙げた、メディア利用の長期的影響に関する因果関係の検証をあつかった科研プロジェクトに参加していただくことになっている。「自分たちの世代で日本のメディア効果論は終わりかもしれない」と不安を抱く日々も、ありがたいことに遠くなった。

私がメディアの研究を始めたきっかけは、大学院修士課程の在学中に、たまたま指導教員のプロジェクトの一環として「小泉劇場」と呼ばれた2005年衆議院議員選挙についてのテレビ報道をあつかったことだった。この選択は必ずしも主体的なものではなく、むしろ避けたいテーマでもあった。なぜなら、父の稲増龍夫も（効果論ではないが）メディア、とくにテレビの研究を行っていたからである。苗字が珍しいこともあって、初対面で父の話をされる研究者の方は多かったが、業績も地位も持たない大学院生の自分には、「愛想笑いでごまかしてやりすごす」ことしかできなかった。そのような自分が研究者として果たしてやっていけるのか、分からなかった。

のちにプロジェクトの成果は『政治のリアリティと社会心理——平成小泉政治のダイナミッ

クス』（共著、木鐸社）という書籍に結実し、日本を代表するメディア効果論の研究者である竹下俊郎先生に読んでいただく栄誉にも与った。後日、竹下先生から感想のメールをいただき、その中には「父は息子に乗り越えられるのが、古来の宿命である。だから、頑張ってほしい」という言葉が含まれていた。真正面からの「乗り越えよ」というメッセージは、当時の私を本当に勇気づけるものであった。竹下先生がいなければ、私はメディア研究からは逃げていたかもしれない。この場を借りて、深く謝意を述べたい。

本書の内容は、学会や研究会などでの他の研究者との議論や、共同研究の成果を多く含んでいる。すべての先生方のお名前を挙げることはできないが、何名かのお名前を挙げたい。そもそも河野勝先生と平野浩先生が、2011年の『アクセス日本政治論』（日本経済評論社）の新版刊行の際に、「世論とマスメディア」の章の担当に当時二十代の著者を抜擢してくださっていなければ、本書は誕生していないであろう。また、「少なくとも自分には、教科書のひとつの章としてこれ以上のものは書けない。次に書くとなれば単著しかない」と思ったことが、本書の執筆へとつながった。

第5章は、研究室の先輩でもある小林哲郎さんがいたからこそ書けたものである。香港の大学に勤められている小林さんと再会するたびに、もし仮に政治コミュニケーション研究ワールドカップがあるなら、「国内組」の自分も、小林さんと一緒に日本代表としてプレイできるような研究者にならなければと思いを新たにさせられる。また、小林さんと私、そして岡田陽介さんと横山智哉さんは政治コミュニケーション研究会の幹事だが、とくに岡田さんと横山さんは、小林さんが香港に旅立たれた後の研究会を支える同志だと思っている。本書の執筆にあたっては、この研究会での議論を大いに参考にさせてもらっている。研究会に参加していただいた方々に、心から御礼を申し上げたい。

本書に幾度となく登場する三浦麻子さんは、研究者としての専門性を求められない前任校の3年を経て、〝研究者として死にかかっていた〟私を復活させてくれた恩人である。三浦さんに加えて、清水裕士さんと小川洋和さんは、ともに社会心理学研究センターを運営する仲間である。辛い時期に「30歳を超えて関西に移り住んだから、こっちに友達がいるわけではないんですよね」とこぼした私に、「僕らは友達じゃないんですか！」と言ってくれたことは忘れられない。

多湖淳さんと小濱祥子さんとは、2014年以来、たびたび研究プロジェクトでご一緒している。おふたりには、いつも世界水準の研究、民主的な研究チーム運営、そして、各地の美味しいものを教えていただいている。また、おふたりとのプロジェクトをきっかけとして、三船恒裕さん、大坪庸介さん、日道俊之さん、矢内勇生さんという新たな仲間と出会うこともできた。

中央公論新社の上林達也さんは、本書執筆のきっかけをくださった方であり、「メディアについての社会心理学研究をまとめればよいのかな」くらいに考えていた私に、より大きなビジョンを示してくださった。私が遅筆であったがゆえに、途中で部署を異動されてしまったが、本書は上林さんの存在があってこそ完成したものである。上林さんの後を受け継いだ楊木文祥さんには、本書を完成させるうえで、数々の有用なアドバイスをいただいた。

本書の執筆期間の後半は、社会がコロナ禍に見舞われていた時期だったが、前半は個人的にはそれ以上の大きな禍に見舞われていた時期でもあった。それを乗り越えるうえで、上述の研究仲間たちに加えて、ともに悲しみ、怒ってくれた父・龍夫、母・篤子をはじめとする家族、親戚たちの存在は大きな支えとなった。また、関西学院大学社会学部稲増ゼミの学生たち、あるいは大学院稲増研究室の院生たちが、ある意味で息子や娘のような存在として、私に前を向き続ける力を与えてくれた。そして、禍を乗り越えた先で家族となった妻・美緒と、新たに誕生した長女・紗那のふたりに本書を捧ぐ。

2022年4月

稲増一憲

37－72.
Sunstein, C. R.（2007）*Republic.com 2.0*. Princeton, NJ : Princeton University Press.
鳥海不二夫（2021）『計算社会科学入門』丸善出版.
外山滋比古（1986）『思考の整理学』ちくま文庫.
Zhu, J-H.（1992）Issue Competition and Attention Distraction : A Zero-Sum Theory of Agenda-Setting. *Journalism Quarterly*, 69（4）, pp. 825－836.

第6章

Abernathy, P. M.（2018）*The Expanding News Desert*. Chapel Hill, NC : University of North Carolina Press.
McLuhan, M. and Carpenter, E.（1970）*Explorations in Communication: an anthology*. London : Jonathan Cape.（『マクルーハン理論――電子メディアの可能性』大前正臣・後藤和彦訳, 平凡社ライブラリー, 2003.）
McLuhan, M.（1964）*Understanding Media : The Extensions of Man*. New York : McGraw-Hill.（『メディア論――人間の拡張の諸相』栗原裕・河本仲聖訳, みすず書房, 1987.）
稲増一憲（2016）「メディア・世論調査への不信の多面性――社会調査データの分析から」『放送メディア研究』13, pp. 178－193.
稲増一憲・三浦麻子（2018）「マスメディアへの信頼の測定におけるワーディングの影響――大規模社会調査データとWeb調査実験を用いて」『社会心理学研究』34（1）, pp. 47－57.
Kobayashi, T., Miura, A. and Inamasu, K.（2017）Media Priming Effect : A Preregistered Replication Experiment. *Journal of Experimental Political Science*, 4（1）, pp. 81－94.
Lance, S.（2017）*Media Ecology : An Approach to Understanding the Human Condition*. New York : Peter Lang Publishing.
前嶋和弘・山脇岳志・津山恵子編著（2019）『現代アメリカ政治とメディア』東洋経済新報社.
善教将大（2021）『大阪の選択――なぜ都構想は再び否決されたのか』有斐閣.

McCombs, M. E. and Zhu, J-H.（1995）Capacity, Diversity, and Volatility of the Public Agenda : Trends from 1954 to 1994. *Public Opinion Quarterly*, 59（4）, pp. 495－525.
McPherson, M. and Smith-Lovin, L.（1987）Homophily in Voluntary Organizations : Status Distance and the Composition of Face-to-Face Groups. *American Sociological Review*, 52（3）, pp. 370－379.
McPherson, M., Smith-Lovin, L. and Cook, J. M.（2001）Birds of a feather : Homophily in social networks. *Annual Review of Sociology*, 27, pp. 415－444.
McQuail, D.（2005）*Mass Communication Theory*.（5th ed.）London : Sage.
Miller, G. A.（1956）The Magical Number Seven, Plus or Minus Two : Some Limits on Our Capacity for Processing Information. *Psychological Review*, 63（2）, pp. 81－97.
Negroponte, N.（1995）*Being Digital*. New York: Knopf.（『ビーイング・デジタル――ビッドの時代　新装版』西和彦監訳／解説, 福岡洋一訳, アスキー, 2001.）
奥村倫弘（2010）『ヤフー・トピックスの作り方』光文社新書.
Pariser, E.（2011）*The Filter Bubble : What the Internet is Hiding from You*. New York : Penguin Press（『閉じこもるインターネット――グーグル・パーソナライズ・民主主義』井口耕二訳, 早川書房, 2012.）
Prior, M.（2003）Any Good News in Soft News? The Impact of Soft News Preference on Political Knowledge. *Political communication*, 20（2）, pp. 149－171.
Prior, M.（2007）*Post-Broadcast Democracy How Media Choice Increases Inequality in Political Involvement and Polarizes Elections*. Cambridge, UK : Cambridge University Press.
Shaw, D. L. and McCombs, M. E.（1977）*The Emergence of American Political Issues : The Agenda-Setting Function of the Press*. St. Paul, MN: West Publishing.
Simon, H.（1971）Designing Organizations for an Information-Rich World. In M. Greenberger（ed.）*Computers, Communications, and the Public Interest*. Baltimore, MD : The Johns Hopkins Press, pp.

Monday, 2（4）.
Hindman, M.（2018）*The Internet Trap : How the Digital Economy Builds Monopolies and Undermines Democracy*. Princeton, NJ: Princeton University Press.（『デジタルエコノミーの罠――なぜ不平等が生まれ，メディアは衰亡するのか』山形浩生訳, NTT 出版, 2020.）
稲増一憲・三浦麻子（2016）「「自由」なメディアの陥穽――有権者の選好に基づくもうひとつの選択的接触」『社会心理学研究』31（3）, pp. 172－183.
Holbert, L. R., Garrett, K. R. and Gleason, L. S.（2010）A New Era of Minimal Effects? A Response to Bennett and Iyengar. *Journal of Communication*, 60（1）, pp. 15－34.
Kelly, K.（2016）*The Inevitable; Understanding the 12 Technological Forces That Will Shape Our Future*. New York : Viking Press.（『〈インターネット〉の次に来るもの――未来を決める12の法則』服部桂訳, NHK 出版, 2016）
北村智（2019）「計量的メディア研究におけるログデータの活用について」『マス・コミュニケーション研究』95, pp. 51－63.
Klapper, J. T.（1960）*The Effects of Mass Communication*. Glencoe, IL : Free Press.（『マス・コミュニケーションの効果』NHK 放送学研究室訳，日本放送出版協会, 1966）
Kobayashi, T., Hoshino, T.and Suzuki, T.（2020）Inadvertent Learning on a Portal Site : A Longitudinal Field Experiment. *Communication Research*, 47（5）, pp. 729－749.
小林哲郎・稲増一憲（2011）「ネット時代の政治コミュニケーション――メディア効果論の動向と展望」『選挙研究』27（1）, pp. 85－100.
Kobayashi, T. and Inamasu, K.（2015）The Knowledge Leveling Effect of Portal Sites. *Communication Research*, 42（4）, pp. 482－502.
Lazer, D., Pentland, A., Adamic, L., Aral, S., Barabási, A-L., Brewer, D., Christakis, N., Contractor, N., Fowler, J., Gutmann, M., Jebara, T., King, G., Macy, M., Roy, D. and Alstyne, M. V.（2019）Computational Social Science. *Science*, 323（5915）, pp. 721－723.

第5章

Anderson, C. J., Blais, A., Bowler, S., Donovan, T. and Listhaug, O.（2005）*Losers' Consent : Elections and Democratic Legitimacy*. Oxford, UK : Oxford University Press.

Armeno, C.（1970）Peregrinaggio Di Tre Giovani Figliuoli Del Re Di Serendippo.（『原典完訳　寓話セレンディッポの三人の王子』徳橋曜監訳, 角川学芸出版, 2007.）

Bakshy, E., Messing, S. and Adamic, L. A.（2015）Exposure to Ideologically Diverse News and Opinion on Facebook. *Science*, 348（6239）, pp. 1130－1132.

Bennett, L. W. and Iyengar, S.（2008）A New Era of Minimal Effects? The Changing Foundations of Political Communication. *Journal of Communication*, 58（4）, pp. 707－731.

Cacciatore, M. A., Scheufele, D. A. and Iyengar, S.（2016）The End of Framing as we Know it … and the Future of Media Effects. *Mass Communication and Society*, 19（1）, pp. 7－23.

Chaffee, S. H. and Metzger, M. J.（2001）The End of Mass Communication?. *Mass Communication and Society*, 4（4）, pp. 365－379.

Conover, M., Ratkiewicz, J., Francisco, M., Gonçalves, B., Flammini, A. and Menczer, F.（2011）Political Polarization on Twitter. *Proceedings of the 5th International AAAI Conference on Weblogs and Social Media*, pp. 89－96.

Cowan, N.（2001）The Magical Number 4 in Short-term Memory : A Reconsideration of Mental Storage Capacity. *Behavioral and Brain Sciences*, 24（1）, pp. 87－114.

Flaxman, S., Goel, S. and Rao, J. M.（2016）Filter Bubbles, Echo Chambers, and Online News Consumption. *Public Opinion Quarterly*, 80（S1）, pp. 298－320.

Franck, G.（2019）The Economy of Attention. *Journal of Sociology*, 55（1）, pp. 8－19.

Goldhaber, M. H.（1997）The Attention Economy and the Net. *First* and 'The Event as News': The Significance of 'Consonance' for Media Effects Research. *European Journal of Communication*, 2（4）, pp. 391－414.

Ostrom, C. W. and Job, B. L.（1986）The President and the Political Use of Force. *American Political Science Review*, 80（2）, pp. 541－566.

Price, V. and Tewksbury, D.（1997）News Values and Public Opinion : A Theoretical Account of Media Priming and Framing. In G. A Barnett and F. J. Boster（eds.）*Progress in the Communication Sciences*, 13, pp. 173－212.

斉藤慎一（1992）「培養理論再考」『新聞学評論』41, pp. 170－183.

斉藤慎一（2002）「テレビと現実認識――培養理論の新たな展開を目指して」『マス・コミュニケーション研究』60, pp.19－43.

Shoemaker, P. J. and Vos, T.（2009）*Gatekeeping Theory*. New York : Routledge.

Signorielli, N.（1986）Selective Television Viewing : A Limited Possibility. *Journal of Communication*, 36（3）, pp.64－76.

竹下俊郎（2002）「議題設定研究の新たな課題（特集 パワフル・メディア論再考）」『マスコミュニケーション研究』60, pp. 6－18.

竹下俊郎（2008）『メディアの議題設定機能――マスコミ効果研究における理論と実証　増補版』学文社.

登藤直弥・小林哲郎・稲増一憲（2016）「ソフトニュースへの接触は政治的関心を高めるか――一般化傾向スコアを用いた因果推論」『行動計量学』43（2）, pp. 129－141.

Tversky, A. and Kahneman, D.（1981）The Framing of Decisions and the Psychology of Choice. *Science*, 211, pp. 453－458.

Weaver, D. H., Graber, D. A., McCombs M. E. and Eyal, C. H.（1981）*Media Agenda-setting in a Presidential Election : Issues, Images and Interest*. New York : Praeger.（『マスコミが世論を決める――大統領選挙とメディアの議題設定機能』竹下俊郎訳, 勁草書房, 1988.）

Zhu, J. H.（1992）Issue Competition and Attention Distraction : A Zero-sum Theory of Agenda-setting. *Journalism Quarterly*, 69（4）, pp. 825－836.

(4), pp. 848−858.
金子智樹（2018）「地方紙の普及率低下は投票率を下落させるのか？――鹿児島新報の廃刊という自然実験的事例と参院選パネルデータの分析」『年報政治学』69（1）, pp. 202−224.
Kobayashi, T., Miura, A. and Inamasu, K.（2017）Media Priming Effect : A Preregistered Replication Experiment. *Journal of Experimental Political Science*, 4（1）, pp. 81−94.
Lazarsfeld, P. F. and Merton R. K.（1948）Mass Communication, Popular Taste and Organized Social Action. In L. Bryson（ed.）*The Communication of Ideas*. New York : Harper and Row.
Lippmann, W.（1922）*Public opinion*. New York : Free Press.（『世論 上・下』掛川トミ子訳, 岩波書店, 1987.）
McCombs, M. E.（2014）*Setting the Agenda : The Mass Media and Public Opinion*. Cambridge, UK : Polity Press.（『アジェンダセッティング――マスメディアの議題設定力と世論』竹下俊郎訳, 学文社, 2018.）
McCombs, M. E. and Shaw, D. L.（1972）The Agenda-setting Function of Mass Media. *Public Opinion Quarterly*, 36（2）, pp. 176−187.
McCombs, M. E., Shaw, D. L. and Weaver, D. H.（1997）*Communication and democracy : Exploring the Intellectual Frontiers in Agenda-setting Theory*. Mahwah, NJ : Lawrence Erlbaum Associates.
Meyer, D. E. and Schvaneveldt, R. W.（1971）Facilitation in Recognizing Pairs of Words : Evidence of a Dependence Between Retrieval Operations. *Journal of experimental psychology*, 90（2）, pp. 227−234.
水野博介（1991）「文化指標研究と涵養効果分析――そのアイデア・発展・現状と評価」『新聞学評論』40, pp. 274−290
Nelson, T. E., Clawson, R. A. and Oxley, Z. M.（1997）Media Framing of a Civil Liberties Conflict and Its Effect on Tolerance. *American Political Science Review*, 91（3）, pp. 567−583.
Noelle-Neumann, E.（1973）Return to the Concept of Powerful Mass Media. *Studies of broadcasting*, 9（1）, pp. 67−112.
Noelle-Neumann, E. and Mathes, R.（1987）The 'Event as Event'

Research, 13（4）, pp. 553－577.
Higgins, E. T.（1996）Knowing Activation : Accessibility, Applicability and Salience. In E. T. Higgins（ed.）*Social Psychology : Handbook of Basic Principles*. New York : Guilford, pp. 133－168.
樋口耕一（2014）『社会調査のための計量テキスト分析――内容分析の継承と発展を目指して』ナカニシヤ出版.
Hirsch, P. M.（1980）The "Scary World" of the Nonviewer and Other Anomalies : A Reanalysis of Gerbner et al.'s Findings on Cultivation Analysis Part I. *Communication Research*, 7（4）, pp. 403－456.
Hirsch, P. M.（1981）On not Learning From One's Own Mistakes : A Reanalysis of Gerbner et ally's Findings on Cultivation Analysis Part II. *Communication Research*, 8（1）, pp. 3－37.
Hovland, C. I., Lumsdaine, A. A. and Sheffield, F. D.（2017）*Experiments on Mass Communication*. Princeton, NJ : Princeton University Press.
稲増一憲（2015）『政治を語るフレーム――乖離する有権者，政治家，メディア』東京大学出版会.
稲増一憲・池田謙一（2009）「多様化するテレビ報道と、有権者の選挙への関心および政治への関与との関連：選挙報道の内容分析と大規模社会調査の融合を通して」『社会心理学研究』25, pp. 42－52.
石田基広（2017）『Rによるテキストマイニング入門　第2版』森北出版.
Iyengar, S.（1994）*Is Anyone Responsible? : How Television Frames Political Issues*. Chicago, IL : University of Chicago Press.
Iyengar, S., Kinder, D. R., Peters, M. D. and Krosnick, J. A.（1984）The Evening News and Presidential Evaluations. *Journal of Personality and Social Psychology*, 46（4）, pp. 778－787.
Iyengar, S. and Kinder, D. R.（1987）*News That Matters : Television and American Opinion*. Chicago, IL : University of Chicago Press.
Iyengar, S., Peters, M. and Kinder, D.（1982）Experimental Demonstrations of the "Not-So-Minimal" Consequences of Television News Programs. *American Political Science Review*, 76

Component of the Third-person Effect. *International Journal of Public Opinion Research*, 20（3）, pp. 375－385.

第4章

Chong, D. and Druckman, J. N.（2007）Framing Theory. *Annual Review of Political Science*, 10, pp. 103－126.
張寧（2000）「ニュース報道におけるメディア間の共振性の検証」『マス・コミュニケーション研究』56, pp. 130－144.
Cohen, B. C.（1963）*The Press and Foreign Policy*. Princeton, NJ : Princeton University Press.
Collins, A. M. and Loftus, E. F.（1975）A Spreading-activation Theory of Semantic Processing. *Psychological Review*, 82（6）, pp. 407－428.
Dearing, J. W. and Rogers, E. M.（1996）*Agenda-setting*.（Communication concepts 6）London : SAGE.
Druckman, J. N.（2001）On the Limits of Framing Effects : Who can Frame?. *Journal of Politics*, 63（4）, pp. 1041－1066.
Funkhouser, G. R.（1973）The Issues of the Sixties : An Exploratory Study in the Dynamics of Public Opinion. *The Public Opinion Quarterly*, 37（1）, pp. 62－75.
Gerbner, G. and Gross, L.（1976）Living with Television : The Violence Profile. *Journal of Communication*, 26（2）, pp. 172－194.
Gerbner, G., Gross, L., Morgan, M. and Signorielli, N.（1980）The "Mainstreaming" of America : Violence Profile Number 11. *Journal of Communication*, 30（3）, pp. 10－29.
Gerbner, G., Gross, L., Morgan, M. and Signorielli, N.（1982）Charting the Mainstream : Television's Contributions to Political Orientations. *Journal of Communication*, 32（2）, pp. 100－127.
Goffman, E.（1974）*Frame Analysis : An Essay on the Organization of Experience*. Princeton, NJ : Princeton University Press.
Hawkins, R. P., Pingree, S. and Adler, I.（1987）Searching for Cognitive Processes in the Cultivation effect : Adult and Adolescent Samples in the United States and Australia. *Human Communication*

Rojas, H., Shah, D. V. and Faber, R. J. (1996) For the Good of Others : Censorship and the Third Person Effect. *International Journal of Public Opinion Research*, 8 (2), pp. 163－186.

Salwen, M. B. (1998) Perceptions of Media Influence and Support for Censorship : The Third-Person Effect in the 1996 Presidential Election. *Communication Research*, 25 (3), pp. 259－285.

Sherif, M. and Hovland, C. I. (1961) *Social Judgment : Assimilation and Contrast Effects in Communication and Attitude Change*. Oxford, England : Yale University Press.

清水裕士・稲増一憲（2019）「政治的態度の母集団分布の形状を推定する――統計モデリングアプローチ」『理論と方法』34（1）, pp. 113－130.

白岩祐子・荻原ゆかり・唐沢かおり（2012）「裁判シナリオにおける非対称な認知の検討――被害者参加制度への態度や量刑判断との関係から」『社会心理学研究』28（1）, pp. 41－50.

Stroud, N. J. (2011) *Niche News : The Politics of News Choice*. New York : Oxford University Press.

Sun, Y., Pan, Z. and Shen, L. (2008) Understanding the Third-Person Perception : Evidence from a Meta-analysis. *Journal of Communication*, 58 (2), pp. 280－300.

竹中佳彦・山本英弘・濱本真輔（2021）『現代日本のエリートの平等観――社会的格差と政治権力』明石書店.

Tsay-Vogel, M. (2016) Me Versus Them : Third-person Effects among Facebook Users. *New Media & Society*, 18 (9), pp. 1956－1972.

東京大学谷口研究室・朝日新聞社（2016）2016年東京大学谷口研究室・朝日新聞社共同政治家調査：http://www.masaki.j.u-tokyo.ac.jp/utas/utasindex.html

Vallone, R. P., Ross, L. and Lepper, M. R. (1985) The Hostile Media Phenomenon : Biased Perception and Perceptions of Media Bias in Coverage of the Beirut massacre. *Journal of Personality and Social Psychology*, 49 (3), pp. 577－585.

Xu, J. and Gonzenbach, W. J. (2008) Does a Perceptual Discrepancy Lead to Action? A Meta-analysis of the Behavioral

Communication, 60（1）, pp. 165－181.
一ノ瀬俊也（2007）『戦場に舞ったビラ——伝単で読み直す太平洋戦争』講談社選書メチエ.
一ノ瀬俊也（2008）『宣伝謀略ビラで読む，日中・太平洋戦争——空を舞う紙の爆弾「伝単」図録』柏書房.
池田謙一（2000）『コミュニケーション』東京大学出版会.
蒲島郁夫（1990）「マス・メディアと政治」『レヴァイアサン』7, pp. 7－29.
蒲島郁夫・竹中佳彦（2012）『イデオロギー』現代政治学叢書8, 東京大学出版会.
Kim, K. S.（2011）Public Understanding of the Politics of Global Warming in the News Media : the Hostile Media Approach. *Public Understanding of Science*, 20（5）, pp. 690－705.
Krauss, E. S.（2000）*Broadcasting Politics in Japan : NHK and Television News*. Ithaca, NY : Cornell University Press.（『NHK vs. 日本政治』村松岐夫監訳／後藤潤平訳, 東洋経済新報社, 2006.）
劉凌（2018）「テレビ報道への接触と投票意図の変化——2010年参院選における報道内容と有権者の分析を通して」『選挙研究』34（2）, pp. 72-87.
Petty, R. E. and Cacioppo, J. T.（1986）The Elaboration Likelihood Model of Persuasion. *Advances in Experimental Social Psychology*, 19, pp. 123－205.
Perloff, R. M.（1999）The Third Person Effect : A Critical Review and Synthesis. *Media Psychology*, 1（4）, pp. 353－378.
Perloff, R. M.（2015）A Three-decade Retrospective on the Hostile Media Effect. *Mass Communication and Society*, 18（6）, pp. 701－729.
Pronin, E., Gilovich, T. and Ross, L.（2004）Objectivity in the Eye of the Beholder : Divergent Perceptions of Bias in Self Versus Others. *Psychological Review*, 111（3）, pp. 781－799.
Pronin, E., Berger, J. and Molouki, S.（2007）Alone in a Crowd of Sheep : Asymmetric Perceptions of Conformity and Their Roots in an Introspection Illusion. *Journal of Personality and Social Psychology*, 92（4）, pp. 585－595.

第3章

Andsager, J. L. and White, A. H.（2007）*Self Versus Others : Media, Messages, and the Third-Person Effect*. New York : Routledge.

Chaiken, S.（1980）Heuristic Versus Systematic Information Processing and Use of Source Versus Message Cues in Persuasion. *Journal of Personality and Social Psychology*, 39（5）, pp. 752－756.

Davison, P. W.（1983）The Third-Person Effect in Communication. *Public Opinion Quarterly*, 47（1）, pp. 1－15.

Davison, P. W.（1996）The Third-person Effect Revisited. *International Journal of Public Opinion Research*, 8（2）, pp. 113－119.

Downs, A.（1957）*An Economic Theory of Democracy*. New York : Haper & Row.（『民主主義の経済理論』古田清司監訳, 成文堂, 1980）

Giner-Sorolla, R. and Chaiken, S.（1994）The Causes of Hostile Media Judgments. *Journal of Experimental Social Psychology*, 30（2）, pp. 165－180.

Gunther, A. C.（1995）Overrating the X-Rating : The Third-Person Perception and Support for Censorship of Pornography. *Journal of Communication*, 45（1）, pp. 27－38.

Gunther, A. C. and Schmitt, K.（2004）Mapping Boundaries of the Hostile Media Effect. *Journal of Communication*, 54（1）, pp. 55－70.

Golan, G. J. and Day, A. G.（2008）The First-person Effect and Its Behavioral Consequences : A New Trend in the Twenty-five Year History of Third-person Effect Research. *Mass Communication and Society*, 11（4）, pp. 539－556.

Hansen, G. J. and Kim, H.（2011）Is the Media Biased Against Me? A Meta-analysis of the Hostile Media Effect Research. *Communication Research Reports*, 28（2）, pp. 169－179.

Hobbs, R.（1998）The Seven Great Debates in the Media Literacy Movement. *Journal of Communication*, 48（1）, pp. 16－32.

Huge, M. and Glynn, C. J.（2010）Hostile Media and the Campaign Trail : Perceived Media Bias in the Race for Governor. *Journal of*

Kunda, Z.（1990）The Case for Motivated Reasoning. *Psychological Bulletin*, 108（3）, pp. 480－498.

Lazarsfeld, P. F.（1948）*The People's Choice : How the Voter Makes up His Mind in a Presidential Campaign*. New York : Columbia University Press.（『ピープルズ・チョイス――アメリカ人と大統領選挙』有吉広介監訳, 芦書房, 1987.）

Merton, R. K.（1949）*Social Theory and Social Structure : Toward the Codification of Theory and Research*. Glencoe, IL : Free Press.（『社会理論と社会構造』森東吾・森好夫・金沢実・中島竜太郎訳, みすず書房, 1961.）

Newcomb T. M.（1961）*The Acquaintanceship Process*. New York : Holt, Rinehart & Winston.

Newcomb, T. M.（1967）*Persistence and Change : Bennington College and its Students After Twenty-five Years*. New York : Wiley.

Rogers, E. M.（2003）*Diffusion of Innovations*.（5th ed.）New York : Free Press.（『イノベーションの普及』三藤利雄訳, 翔泳社, 2007.）

Sanitioso, R., Kunda, Z. and Fong, G. T.（1990）Motivated Recruitment of Autobiographical Memories. *Journal of Personality and Social Psychology*, 59（2）, pp. 229－241.

Sears, D. O. & Freedman, J. L.（1967）Selective Exposure to Information: A Critical Review. *Public Opinion Quarterly*, 31, pp.194－213.

Stroud, N. J.（2017）Selective Exposure Theories. In K. Kenski and K. H. Jameson（eds.）*Oxford Handbook of Political Communication*. Oxford, UK : Oxford University Press, pp. 531－548.

Tankard, J. W. and Severin W. J.（2014）*Communication Theories : Origins, Methods, and Uses in the Mass Media*.（5th ed.）New York : Addison Wesley Longman.

Wicklund, R. A. and Brehm, J. W.（1976）*Perspectives on Cognitive Dissonance*. Hillsdale, NJ : Lawrence Erlbaum.

Zillmann, D. and Bryant, J.（1985）*Selective exposure to communication*. New York : Routledge.

−123.
Festinger, L.（1957）*A Theory of Cognitive Dissonance*. Evanston, IL : Row, Peterson & Company.（『認知的不協和の理論——社会心理学序説』末永俊郎監訳, 誠信書房, 1965.）
Festinger, L.（1964）*Conflict, Decision, and Dissonance*.（Stanford studies in psychology）Stanford, California : Stanford University Press.
Greenhalgh, T.（2000）*How to Read a Paper : The Basics of Evidence Based Medicine*.（2nd ed.）London : British Medical Journal Books.（『EBM がわかる——臨床医学論文の読み方　第 2 版』今西二郎・渡邊聡子訳, 金芳堂, 2004.）
Hart, W., Albarracín, D., Eagly, A. H., Brechan, I., Lindberg, M. J. and Merrill, L.（2009）Feeling Validated Versus Being Correct : a Meta-analysis of Selective Exposure to Information. *Psychological Bulletin*, 135（4）, pp. 555−588.
Huckfeldt, R. and Sprague, J.（1995）*Citizens, Politics and Social Communication : Information and Influence in an Election Campaign*.（Cambridge Studies in Public Opinion and Political Psychology）New York : Cambridge University Press.
池田謙一（1997）『転変する政治のリアリティ——投票行動の認知社会心理学』木鐸社.
Katz, E.（1957）The Two-step Flow of Communication : An Up-to-date Report on an Hypothesis. *Public Opinion Quarterly*, 21（1）, pp. 61−78.
Katz, E. and Lazarsfeld, P. F.（1955）*Personal Influence : The Part Played by People in the Flow of Mass Communications*. Glencoe, IL : Free Press.（『パーソナル・インフルエンス——オピニオンリーダーと人々の意思決定』竹内郁郎訳, 培風館, 1965.）
Kelley, H. H.（1952）Two Functions of Reference Groups. In G. E. Swanson, M. Newcomb and E. L. Hartley（eds.）*Readings in Social Psychology*. New York : Henry Holt & Co, pp. 410−414.
Klapper, J. T.（1960）*The Effects of Mass Communication*. Glencoe, IL. : Free Press.（『マス・コミュニケーションの効果』NHK 放送学研究室訳, 日本放送出版協会, 1965.）

有斐閣アルマ.
Katz, E.（1987）Communications Research Since Lazarsfeld. *Public Opinion Quarterly*, 51（4 part 2）, S25－S45.
Lasswell, H. D.（1927）*Propaganda Technique in the World War*. London : K. Paul, Trench, Trubner & Co. Ltd.（『宣傳技術と歐洲大戰』小松孝彰訳, 高山書院, 1940.）
Mannheim, K.（1935）*Mensch und Gesellschaft im Zeitalter des Umbaus*. Leiden.（『変革期における人間と社会』福武直訳, みすず書房, 1962.）
Merton, R. K.（1946）Mass Persuasion : The Social Psychology of a War Bond Drive. New York : Harper & Brothers.（『大衆説得――マス・コミュニケイションの社会心理学』柳井道夫訳, 桜楓社, 1973.）
Reuters Institute（2021）Digital News Report 2021：https://reutersinstitute.politics.ox.ac.uk/digital-news-report/2021
佐藤卓己（2014）『増補　大衆宣伝の神話――マルクスからヒトラーへのメディア史』ちくま学芸文庫.
Schramm, W.（1960）*Mass Communications*.（『マス・コミュニケーション――マスメディアの統合的研究』学習院大学社会学研究室訳, 東京創元社, 1968.）
高田博行（2014）『ヒトラー演説――熱狂の真実』中公新書.
竹下俊郎（2002）「議題設定研究の新たな課題（特集 パワフル・メディア論再考）」『マスコミュニケーション研究』60, pp. 6－18.
竹下俊郎（2008）『メディアの議題設定機能――マスコミ効果研究における理論と実証　増補版』学文社.
Tönnies, F.（1887）*Gemeinschaft und Gesellschaft*. Leipzig : Fues.（『ゲマインシャフトとゲゼルシャフト』杉之原寿一訳, 岩波文庫, 1957.）
Wells, H. G.（1897）*The War of the Worlds*. London : William Heinemann.（『宇宙戦争』中村融訳, 創元ＳＦ文庫, 2005.）

第2章

Bacon, F.（1939）Novum Organum. In Burtt, E. A,（ed.）*The English Phiolosophers from Bacon to Mill.* New York：Random House, pp. 24

参考文献

はじめに

稲増一憲（2016）「メディア・世論調査への不信の多面性——社会調査データの分析から」『放送メディア研究』13, pp. 177－193.
Lippmann, W.（1922）*Public Opinion*. New York : Free Press.（『世論 上・下』掛川トミ子訳, 岩波書店, 1987.）
Reuters Institute（2021）Digital News Report 2021.

第1章

Baran, S. and Davis, D.（2011）*Mass Communication Theory : Foundations, Ferment, and Future*.（6th ed.）Belmont, CA: Wadsworth publishing.
Bell, D.（1956）The Theory of Mass Society. *Commentary*, 22（1）, pp. 75－83.
Cantril, H.（1940）*The Invasion from Mars : A Study in the Psychology of Panic*. Princeton, NJ : Transaction Publishers.（『火星からの侵入——パニックの社会心理学』斎藤耕二・菊池章夫訳, 川島書店, 1971.）
Chaffee, S. H. and Hochheimer, J. L.（1985）The Beginnings of Political Communication Research in the United States : Origins of the Limited Effects Model. In E. M. Rogers and F. Balle（eds.）*The Media Revolution in America and Western Europe*. Norwood, NJ : Ablex.
Delia, J. G.（1987）Twentieth Century Communication Research : An historical perspective. In C. R. Berger and S. H. Chaffe（eds.）*Handbook of Communication Science*. Newbury Park, CA : Sage.
池田謙一（2000）『コミュニケーション』東京大学出版会.
蒲島郁夫・竹下俊郎・芹川洋一（2010）『メディアと政治 改訂版』

図表作成・DTP・朝日メディアインターナショナル

稲増一憲（いなます・かずのり）

1981（昭和56）年東京都生まれ．東京大学文学部卒業．同大学大学院人文社会系研究科博士課程単位取得退学．博士（社会心理学）．武蔵大学社会学部助教，関西学院大学社会学部准教授を経て，2018年より同大学社会学部教授．

著書『政治のリアリティと社会心理』（池田謙一編，共著，木鐸社，2007）
『新版アクセス日本政治論』（平野浩・河野勝編，共著，日本経済評論社，2011）
『政治を語るフレーム』（東京大学出版会，2015）
ほか

マスメディアとは何《なに》か
中公新書 *2706*

2022年7月25日発行

著　者　稲増一憲
発行者　安部順一

本文印刷　三晃印刷
カバー印刷　大熊整美堂
製　　本　小泉製本

発行所　中央公論新社
〒100-8152
東京都千代田区大手町1-7-1
電話　販売 03-5299-1730
　　　編集 03-5299-1830
URL https://www.chuko.co.jp/

Published by CHUOKORON-SHINSHA, INC.
Printed in Japan　ISBN978-4-12-102706-1 C1204